Wanderführer Teutoburger Wald und Eggegebirge

Die schönsten Wanderungen
- Rundwanderungen
- Streckenwanderungen
- Hermannsweg
- Wittekindsweg
- Naturlehrpfade

Kompass Wanderführer

Wanderführer Teutoburger Wald und Eggegebirge

mit Hermannsweg und Wittekindsweg

Ausgewählt, begangen
und beschrieben
von Günter R. E. Richter

mit Geleitworten von
Konstantin Mehring
Ehrenvorsitzender des
Teutoburger-Wald-Vereins e.V.
Hermann Rieger
Hauptvorsitzender des
Teutoburger-Wald-Vereins e.V.

Konrad Kappe
Erster Vorsitzender des
Eggegebirgsvereins e.V.

Professor Dr. Clemens Arkenstette
Präsident des Wiehengebirgsverbands Weser-Ems e.V.

Deutscher Wanderverlag
Dr. Mair & Schnabel & Co. · Stuttgart

wandern + radwandern

Die große Wanderbuch-Reihe
für grenzenloses Wandern

Besonderer Dank gilt Herrn Hermann Rieger,
Hauptvorsitzender des Teutoburger-Wald-Vereins
e.V., für seine beratende Unterstützung.

Zu diesem »KOMPASS«-Wanderführer
die Generalkarte 1:200 000
Blätter 6 und 9
(Mairs Geographischer Verlag, Stuttgart)

Gesamte Kartographie:
Susanne Fickler
Übersichtskarten:
Adele Greschner

Umschlagbild:
Externsteine bei Horn-Bad Meinberg
(*Foto:* Touristik-Marketing Kreis Lippe)
und Bild auf Seite 2:
Die Antoniuskapelle im Ösetal
(*Foto:* Günter R. E. Richter)

4., überarbeitete Auflage, 1998

ISBN 3-8134-0267-3

© 1979. **Deutscher Wanderverlag Dr. Mair & Schnabel & Co.,**
Zeppelinstraße 41, D-73760 Ostfildern (Kemnat)
Alle Rechte, auch die der photomechanischen Wiedergabe
und der Übersetzung, vorbehalten.
Satz: Gerda Kaul, D-73240 Wendlingen
Druck: Druckhaus Vogel GmbH, D-70771 L-Echterdingen
Printed in Germany

Gedruckt auf 100% chlorfrei gebleichtes Papier

Inhalt

Übersichtskarte	10
Orts- und Sachverzeichnis	12
Bilderverzeichnis	15
Geleitwort von Konrad Kappe	16
Geleitwort von Konstantin Mehring und Hermann Rieger	16
Geleitwort von Professor Dr. Clemens Arkenstette	17
Einleitung	19
Anschriftenverzeichnis	206
Wandern mit offenen Augen	208
Die Vogeluhr	210
Verzeichnis der Kompass-Wanderführer und -Radwanderführer	211
Deutsche Wanderjugend	215

Rundwanderungen
Bei den Fürstenauer Bergen

Nr.		Seite
1	Restrup – Branneke (5 km)	20
2	Eggermühlen – Sussum – Döthen (6 km)	22
3	Fürstenau – Kranenpool – Lonnerbecke – Sültemühle – Dalum – Rumke – Bedinghausen – Wegemühlen (16 km)	23
4	Ankum – Rüssel – Schultenhof – Busselmann – Tütingen – Brunning (11 km)	25

Einzugsgebiet Bramsche

5	Ueffeln – Bühren – Balkum (13 km)	28
6	Bramscher Berg – Knapp – Westerhausen (7 km)	30
7	Wallenhorst – Hinterm Berge (7 km)	31
8	Hollage – Dörnte – Langkamp (10 km)	33

Einzugsgebiet Osnabrück

9	Westerkappeln – Haus Kappeln – Kahlen Hügel – Rother Berg (12 km)	34
10	Belm – Klein Haltern – Groß Haltern – Halter Berg (10 km)	36
11	Ostercappeln – Krebsburg (6 km)	38
12	Hasbergen – Ortenbrink – Heidhornberg (9 km)	40
13	Oesede – Harderberg – Waldhof – Auf der hohen Linde – Kloster Oesede (9 km)	41
14	Holte – Holterberg (8 km)	44

Einzugsgebiet Ibbenbüren

15	Uffeln – Großes Heiliges Meer – Obersteinbeck – Hohnhorst (9 km)	45
16	Bevergern – Klei – Bergeshövede – Schloß Surenburg – Stegemann (8 km)	47
17	Riesenbeck – Hermannsweg (7 km)	49
18	Ibbenbüren (Haus Grone) – Egelkamp – Hockendes Weib (9 km)	51
19	Brochterbeck – Dreikaiserstuhl – Bad Holthausen (9 km)	53

Einzugsgebiet Lengerich und Bielefeld

20	Lengerich – Aldrup – Howe – Stöppel – Haus Vortlage – Margarethen-Siedlung – Feldkamp (14 km)	55
21	Wellingholzhausen – Böhnen Mühle – Sägewerk Hammerstein – Kronensee – Nolle – Große Rehquelle – Schwarze Welle – Im Berge – Beutling (13 km)	57
22	Bad Iburg – Am Urberge – Parkplatz »Grafensundern« – Achter de Welt – Grafensundern – Parkplatz »Grafensundern« (10 km)	59
23	Bad Laer – Auf der Wittenburg – Vor dem Venne – Krummenteichswiesen – Westerwiede (11 km)	61
24	Dissen – Erpen – Timmern – Nolle (10 km)	63
25	Bockhorst – Bögemeier – Rattenholl – Kemner – Stockheimer Mühle – Hengelage (10 km)	65

Einzugsgebiet Bielefeld

26	Halle – Große Egge (6 km)	66
27	Künsebeck – Vemmer – Gartnisch (11 km)	68
28	Werther – Kirchdornberg – Bergfrieden (9 km)	71
29	Steinhagen – Gut Patthorst – Niederschabbehardt (11 km)	72
30	Johannisberg (Bielefeld) – Olderdissen – Einschlingen – Zweischlingen – Peter auf'm Berge – Kreiensieksheide – Stecklenbrink – Ochsenberg (12,5 km)	74
31	Sennestadt – Wrachtruper Lohden – Markengrund – Buntes Haus (10 km)	77

Westlich und südlich Detmold

32	Schloß Holte – Mühlengrund – Öster Ebbinghausen – Kammertöns (11 km)	79
33	Barthold's Krug – Senner Heide – Menkhauser Berg – Haus Neuland – Lipperreihe (7 km)	81
34	Oerlinghausen – Tönsberg – Sachsenlager – Hünenkapelle – Im Welschen (8 km)	83

35	Hörste – Hörster Bruch – Dörenschlucht – Hermannsweg – Gut Stapelage (8 km)	85
36	Pivitsheide – Kupferberg – Donoper Teich – Kussel – Kupferberg (6 km)	87
37	Hiddesen – Cheruskerweg – Hünenring – Grotenburg – Krebsteich (9 km)	89
38	Berlebeck – Adlerwarte – Schling – Heiligenkirchen (7 km)	90
39	Horn – Silbermühle – Externsteine (10 km)	92

Wanderungen im Eggegebirge
Nördlich Altenbeken

40	Leopoldstal – Schnat – Kattenmühle – Silbermühle (7 km)	95
41	Sandebeck – Kamlahstein – Silberort – Einkenbach – Schwandberg (8 km)	97
42	Kohlstädt – Kleinenbruch – Oesterholz – Kreuzkrug – Steinknochen (11 km)	99
43	Grauter Gott – Auf der Brede – Auf dem Berge – Ziegenberg (11 km)	100
44	Hossengrund – Hausheide – Reelsberg (10 km)	102
45	Grevenhagen – Erpentrup – Langeland – Schwarzes Kreuz (8,5 km)	103

(Foto: Fremdenverkehrsverband Osnabrücker Land)

Zwischen Paderborn und Bad Driburg

46	Bad Driburg – Reelsen – Alhausen (12 km)	105
47	Bad Lippspringe – Kurwald (9 km)	108
48	Schwaney – Eggeweg – Klusenberg – Bodenthal – Schwaneyer Forst (10 km)	110
49	Herbram – Iggenhausen – Hahnenberg (11 km)	112
50	Neuenheerse – Eggeweg (11 km)	114
51	Kühlsen – Neuenheerse – Suffelmühle – Obermühle – Mittelmühle – Dringenberg (10 km)	116

Nördlich der Diemel

52	Hakenberg – Asseln – Singermühle (9 km)	118
53	Holtheim – Marschallsburg – Amerungenkapelle (10,5 km)	119
54	Kleinenberg – Heilgrund – Katharinenhof (7 km)	121
55	Borlinghausen – Teutonia – Laake – Burenberg (8 km)	122
56	Dalheim – Nonnenholz – Langes Holz (11,5 km)	124
57	Blankenrode – Stadtwüstung Blankenrode – Klingelbach – Wäschebach – Tieberg – Bleikuhlen (9 km)	126
58	Westheim – Billinghauser Busch – Billinghausen – Orpethal – Gr. Kehlberg – Scharfenberg – Im Eichholz (13 km)	127

Streckenwanderungen

59	Gretescher Turm – Düstrup – Voxtrup – Gut Waldhof – Auf der hohen Linde – Kloster Oesede – Am Musenberg – Zeppelinstein – Haase See – Bad Iburg (22 km)	130
60	Bad Driburg – Altenbeken – Bad Lippspringe (22 km)	134
61	Willebadessen – Karlsschanze – Kleiner Herrgott – Försterkreuz – Hohe Warth – Scherfede (16 km)	138
62	Schwaney – Herbram – Iggenhausen – Grundsteinheim – Ebbinghausen – Husen – Dalheim – Meerhof (30 km)	142
63	Scherfede – Oelberg – Kleinenberg (13 km)	147
64	Wrexen – Sieben-Brüder-Baum – Kl. Knechtsberg – Stukkenberg – Stadtwüstung Blankenrode – Papengrund – Blankenrode – Haselbusch – Langes Holz – Dalheim (17 km)	149

Hermannsweg

	Einleitung	152
65.1	Rheine – Bevergern – Bergeshövede (21 km)	154
65.2	Bergeshövede – Dörenther Klippen – Brochterbeck – Tecklenburg (19 km)	158
65.3	Tecklenburg – Stift Leeden – Bad Iburg (20 km)	161
65.4	Bad Iburg – Hankenberge – Noller Schlucht – Luisenturm – Borgholzhausen (24 km)	165

65.5 Borgholzhausen – Ravensburg – Schwedenschanze – »Peter auf'm Berge« – Hünenburg – Tierpark Olderdissen – Bielefeld (27 km) 170
65.6 Bielefeld – »Habichtshöhe« – Eiserner Anton – Oerlinghausen (15 km) 173
65.7 Oerlinghausen – »Bienenschmidt« – Dörenschlucht – Donoper Teiche – Hermannsdenkmal (15 km) 175
65.8 Hermannsdenkmal – Berlebeck – Externsteine – Silbermühle – Kattenmühle – Velmerstot – »Leopoldstal« (24 km) 179

Wittekindsweg

Einleitung 182
66.1 Osnabrück – Ostercappeln (28,5 km) 184
66.2 Ostercappeln – Bad Essen – Barkhausen – Rödinghausen – Kahlewart (33 km) 193
66.3 Kahlwart – Bergkirchen – Porta Westfalica (28,5 km) .. 198

Waldlehrpfade

67 Westerholte (2,5 km) 204
68 Forstlehrpfad in Bad Essen (3 km) 205

Zu Tour 39, 65.8 **Externsteine bei Horn** (Foto: WMG Lippe GmbH)

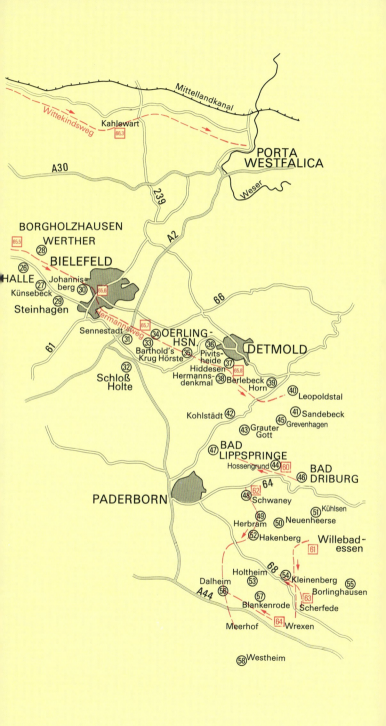

Orts- und Sachverzeichnis

Mit Nummer-Angaben der betreffenden Wanderungen;
schräg-gedruckte Zahlen weisen auf Kurzbeschreibung im Text hin

Achter de Welt 22
Adlerwarte 38
Aldrup 20
Ahlhausen 46
Altenbeken *60*
Amerungenkapelle 53
Am Musenberg 59
Am Urberg 22
Ankum 4
Asseln 52
Asseler Linde 51
Antoniuskapelle 51
Auf dem Berge 43
Auf der Brede 43
Auf der hohen Linde *13*, 59
Auf der Wittenburg 23

Bad Driburg *46*, 60
Bad Essen *66/2*, 68
Bad Holthausen 19
Bad Iburg, *22*, 59, 65/3
Bad Laer *23*
Bad Lippspringe *47*, 60
Balkum 5
Barkhausen 3 u. 66/2
Barthold's Krug 33
Bedinghausen 3
Belm 10
Bergeshövede 16, 65/1
Bergfrieden 28
Bergkirchen 66/3
Berlebeck *38*, 65/8
Beuting 21
Bevergern *16*, 65/1
Bielefeld *30*, 65/6
Bienenschmidt 65/7
Billinghausen 58
Billinghauser Busch 58
Blankenrode *56*, 57, 64
Bleikuhlen 57
Bockhorst 25
Bodenthal 48
Bögemeier 25
Böhnen Mühle 21

Borgholzhausen 65/4
Borlinghausen *55*
Bramsche 6
Bramscher Berg 6
Branneke 1
Brochterbeck *19*, 65/2
Broxtermann 13
Brunning 4
Bühren 5
Buntes Haus 31
Burenberg 55
Busselmann 4

Cheruskerweg 37

Dalheim *56*, 62, 64
Dalum 3
Dissen *24*
Donoper Teich 36, 65/7
Dörenschlucht 35, 65/7
Dörenther Klippen 65/2
Dörnte 8
Döthen 2
Dreikaiserstuhl 19
Dreizehn Linden 56
Dringenberg 51
Düstrup 59

Ebbinghausen 62
Egelkamp 18
Eggermühlen 2
Eggeweg 48, 50
Einschlingen 30
Einkenbach 41
Eiserner Anton 65/6
Erpen 24
Erpentrup 45
Externsteine *39*, 65/8
Feldkamp 20
Försterkreuz 61
Fürstenau *3*

Gartnisch 27
Grafensundern 23

Grauter Gott (Neuenbeken) 43
Gretescher Turm 59
Grevenhagen 45
Große Egge 26
Große Rehquelle 21
Groß Haltern 10
Großsteingrab Hekese 1
Großer Kehlberg 58
Großes Heiliges Meer 15
Grotenburg *37*
Grundsteinheim 49, 62
Grünegras 6
Gut Stapelage 35
Gut Waldhof 59

Haase-See 59
Habichtshöhe 65/6
Hahnenberg 49
Hakenberg 52
Hale 26
Halter Berg 10
Hankenberge 65/4
Harderberg 13
Hasbergen 12
Haselbusch 64
Haus Grone 18
Hausheide 44
Haus Kappeln *9*
Haus Neuland 33
Haus Vortlage 20
Heidhornberg 12
Heilgrund 54
Heiligenkirchen 38
Hengelage 25
Herbram *49*, 62
Hermannsdenkmal 65/7
Hermannsweg 17, 24, 35, 65/1–8
Hiddesen 34
Hinterm Berge 7
Hockendes Weib 18
Hörste *35*
Hörster Bruch 35
Hohe Warth 61
Hohnhorst 15
Hollage 8
Holte *14*
Holter Berg 14
Holter Burgruine 14
Holtheim *53*

Horn *39*
Hossengrund 44
Howe 20
Hünenburg 65/5
Hünenkapelle 34
Hünenring 37
Husen 62

Ibbenbüren *18*
Iggenhausen *49*, 62
Im Berge 21
Im Eichholz 58
Im Welschen 34

Jägerberg 12
Johannisberg (Bielefeld) 30

Kahlen Hügel 9
Kahlewart 3 u. 66/2
Kamlahstein 41
Kammertöns 32
Karlsschanze 61
Katharinenhof 54
Kattenmühle 40, 65/8
Kemner 25
Kirchdornberg 28
Klei 16
Kleinenberg *54*, 63
Kleinenbruch 42
Kleiner Herrgott 61
Kleiner Knechtsberg 64
Klein Haltern 10
Klingelbach 57
Kloster Oesede *13*, 59
Kloster Rulle 66/1
Klusenberg 48
Knapp 6
Kohlstädt *42*
Kranenpool 3
Krebsburg 11
Krebsteich 37
Kreiensiekheide 30
Kreuzkrug 42
Kronensee 21
Krummenteichswiesen 23
Kühlsen *51*
Kupferberg 36
Künsebeck 27
Kurwald 47
Kussel 36

13

Laake 55
Langeland 45
Langes Holz 56, 64
Langkamp 8
Lengerich *20*
Leopoldstal 40, 65/8
Lipperreihe 33
Lonnerbecke 3
Luisenturm 65/4

Margarethen-Siedlung 20
Markengrund 31
Marschallsburg 53
Marschallshagen 53
Meerhof *62*
Menkhauser Berg 33
Mittelmühle 51
Mühlengrund 32

Neuenbeken *43*
Neuenheerse *50*, 51
Niederschabbehardt 29
Nolle 21, 24
Noller Schlucht 65/4
Nonnenholz 56

Obermühle 51
Obersteinbeck 15
Ochsenberg 30
Oelberg 63
Oerlinghausen *34*, 65/5
Oesede 13
Oesterholz 42
Öster Ebbinghausen 32
Olderdissen 30
Orpethal 58
Ortenbrink 12
Osnabrück *59*, 66/1
Ostercappeln *11*, 66/1

Papengrund 64
Parkplatz »Grafensundern« 22
Peter auf'm Berge 30, 65/5
Porta Westfalica 66/3
Pivitsheide 36

Rattenholl 25
Ravensburg 65/5
Reelsberg 44

Reelsen 46
Restrup 1
Rheine 65/1
Riesenbeck *17*
Rödinghausen 66/2
Rother Berg 9
Rumke 3
Rüssel 4

Sachsenlager 34
Sägewerk Hammerstein 21
Sandebeck *41*
Scharfenberg 58
Scherfede *61,* 63
Schling 38
Schloß Holte *38*
Schloß Surenburg 16
Schnat 40
Schultenhof 4
Schwandberg 41
Schwaney *48,* 61
Schwaneyer Forst 48
Schwarzes Kreuz 45
Schwarze Welle 21
Schwedenschanze 65/5
Senner Heide 33
Sennestadt 31
Sieben-Brüder-Baum 64
Silbermühle 39, 40, 65/8
Silberort 41
Singermühle 52
Stadtwüstung Blankenrode *57*
Stecklenbrink 30
Stegemann 16
Steinhagen *29*
Steinknochen 42
Stift Leeden 65/3
Stockheimer Mühle 25
Stöppel 20
Stuckenberg 64
Suffelmühle 51
Sültemühle 3
Sussum 2

Tecklenburg 65/2
Teutonia 55
Tieberg 57
Timmern 24
Timmer Egge 24

Tönsberg 34
Tütingen 4

Ueffeln 5
Uffeln 15

Velmerstot 65/8
Vemmer 27
Vor dem Venne 23
Voxtrup 59

Waldhof 13
Wallenhorst 7
Wäschebach 57

Wegemühlen 3
Wellingholzhausen 21
Werther 28
Westerhausen 6
Westerholte 67
Westerkappeln *9*
Westerwiede 23
Westheim *58*
Willebadessen *61*
Wrachtruper Lohden 31
Wrexen *64*

Zeppelinstein *59*
Ziegenberg 43
Zweischlingen 30

Bilderverzeichnis

Antoniuskapelle 2
Heilbädergarten 7
Externsteine bei Horn 9
Steingrab Hekese 21
Blick auf Ankum 27
Ostercappelner Lambertikirche 39
Am Kirchplatz von Holte 43
Schloß Surenburg 49
Wandergruppe 52
Beim Wandern 55
Bei Kemner 64
Große Egge 68
Ortsrand von Halle 70
Bielefeld, Alter Markt 76
Schloß Holte 79
Wanderer 83
Am Donoper Teich 86
Hermannsdenkmal 88
Horn, Burg 92
Externsteine 94
Silberbachmühle 96
Oberhalb von Sandebeck 98
Blick auf Grevenhagen 105
Bad Driburg 107
Bad Driburg 108

Gruppenwanderung 111
Fliegenpilz 112
Neuenheerse 115
Unweit Asseln 117
Rokokokapelle in Kleinenberg 122
Benediktinerinnen-Kloster Dalheim 124
Am Haase-See 129
Bei Altenbeken 134
Parkeingang bei Willebadessen 138
Herbstfärbung 147
Wandergruppe 152
Schloß Bad Iburg 163
JH Bielefeld 168
Freilichtmuseum Germanengehöft 172
Teutoburger Wald 182
Heilbädergarten 186
Osnabrück 187
Osnabrück, Rathaus 188
Osnabrück, Heger Tor 190
Bad Essen 195
Waldwanderung 206

Geleitwort

Vom Einschnitt des Silberbachtales erhebt sich in südlicher Richtung der Velmerstot. Von hier zieht sich das Eggegebirge weiter bis ins Diemeltal bei Marsberg.

Die Kulturlandschaft um das Eggegebirge ist als Erholungs- und Feriengebiet weithin bekannt. Der 81. Deutsche Wandertag in Bad Driburg im Jahre 1981 hat Tausende von Wanderern in die Eggelandschaft geführt. Den 70 Kilometer langen Eggeweg, Teilstrecke des Europäischen Fernwanderweges E 1: Nordsee – Bodensee – Mittelmeer, kann man in drei oder vier Teilstrecken erwandern. Der Eggegebirgsverein e. V. in Bad Driburg verleiht dazu Urkunde und Anstecknadel. Drei weitere Hauptwanderwege (Nethe-Alme-Weg X 2; Diemel-Ems-Weg X 3; Diemel-Lippe-Weg X 4) führen den Wanderer in das Eggevorland zu Kirchen, Klöstern, Kapellen, Schlössern, Wallanlagen und Hügelgräbern.

Von wo aus der Wanderer auch immer in dies Bergland kommt, er ist überrascht von der Mannigfaltigkeit dieser Landschaft.

Möge dieser Wanderführer den Lesern, Wanderern und Feriengästen ein Wegweiser zu vielen erlebnisreichen Zielen im Eggegebirge und seinem Vorland sein.

Konrad Kappe
Erster Vorsitzender des Eggegebirgsvereins e. V.

Geleitwort

Kaum wahrnehmbar erhebt sich der Teutoburger Wald unweit Rheine aus der Tiefe der Münsterschen Bucht. In drei Ketten zieht er sich – langsam an Höhe gewinnend – nach Südosten und endet nach 130 Kilometern an der fast 500 Meter hohen Velmerstot, wo das Eggegebirge den Wanderer gerne aufnimmt und auf seinen steilen Kamm nach Süden begleitet.

Der Geschichtswissenschaftler kennt den Teutoburger Wald als den Ort der Varusschlacht und der Sachsenkriege. Der Geologe bezeichnet ihn als die »verworfenste« Gegend Deutschlands. Der Naturwissenschaftler entdeckt auf seiner Oberfläche eine umfangreiche Pflanzen- und Tierwelt. Aus der Tiefe des Waldgebirges sprudeln Heilquellen vielfältigster Art und bilden die Grundlage vieler und teils weltberühmter Bäder im Heilgarten Deutschlands.

Im Vorland des Teutoburger Waldes liegen Kirchen und Klöster, Dörfer und Städte voller alter Geschichte und modernen Lebens. Von seinen Bergen sehen tausendjährige Burgen ins Land. Ein Besuch der Externsteine gehört zu den unvergeßlichen Höhepunkten einer Wanderung im Teutoburger Wald.

Ein Erlebnis ist es, den 156 Kilometer langen Hermannsweg von Rheine bis zur lippischen Velmerstot bei Horn-Bad Meinberg über den Kamm des Teutoburger Waldes zu wandern. Von Kennern wird er als der schönste Wanderweg der deutschen Mittelgebirge bezeichnet. Im Raum Detmold bis zum Anschluß an den Eggeweg ist er Teilstrecke des Europäischen Fernwanderweges E 1.

Weitere schöne Wanderwege im Teutoburger Wald und in dem reizvollen Lipperland werden vom Teutoburger-Wald-Verein e. V., Bielefeld, betreut und bilden ein Eldorado für Wanderer.

Konstantin Mehring
Ehrenvorsitzender, und
Hermann Rieger
Hauptvorsitzender des Teutoburger-Wald-Vereins e. V.

Geleitwort

Ob der römische Geschichtsschreiber Tacitus 90 Jahre nach dem Geschehen mit »saltus Teutoburgiensis« als Ort der Varusschlacht im Jahre 9 n. Chr. den Höhenzug meinte, der sich unweit Rheine aus der Münsterschen Bucht erhebt und nach 130 Kilometern am Velmerstot endet, ist ungewiß. Dieser Höhenzug hieß zur Zeit der Wiederentdeckung der Tacitus-Texte im 15. Jahrhundert »Osning«. Erst im 17. Jahrhundert wurde, gestützt auf die römische Quelle, der Name Teutoburger Wald für den Osning eingeführt und später durchgesetzt.

Die von Tacitus verwendete Bezeichnung deutet nicht unbedingt auf einen Höhenzug, sondern eher auf einen Durchgang (evtl. auch Eingang oder Ausgang) in einer sumpfigen Umgebung hin.

Genau an einer solchen Stelle sind seit Jahrhunderten Funde aus römischer Zeit überliefert, die den Althistoriker Theodor Mommsen im Jahre 1885 zu der Aussage veranlaßte, die Varusschlacht in der Senke zwischen dem Kalkrieser Berg am Wiehengebirge und dem Großen Moor zu lokalisieren.

Im Jahre 1987 begannen in der Kalkrieser Senke am Nordrande des Wiehengebirge, einem etwa sechs Kilometer langen und nur etwa einem Kilometer breiten Engpaß zwischen Berg und Moor, planmäßige Grabungsuntersuchungen, die zu überraschenden Ergebnissen führten. Zahlreiche Funde von Ausrüstungsgegenständen römischer Legionäre, Waffen sowie Münzen des Kaisers Augustus mit dem Stempel des Heerführer Varus lassen vermuten, daß hier die Varusschlacht oder zumindest eine größere kriegerische Auseinandersetzung stattgefunden hat. Damit tritt das Wiehengebirge, ein von Osnabrück bis zur Porta Westfalica verlaufender Höhenzug, auch mehr in das Licht der Öffentlichkeit.

Auf seinen Höhen flüchtete sich Sachsenherzog Wittekind vor fränkischen Verfolgern in eine Fliehburg – so die Legende. Er gab damit einem der beliebtesten Fernwanderwege in der Bundesrepublik seinen Namen. Der »Wittekindsweg« verbindet über eine Länge von 90 Kilometern die alte Hansestadt Osnabrück mit der westfälischen Pforte. Geübte Wanderer meistern den Weg in drei Tagen, doch sollte man sich Zeit nehmen, die Schönheiten am Wege und den weiten Blick von den Höhen in das niederdeutsche Tiefland zu genießen.

Der Weg beginnt in Osnabrück, der Stadt Karls des Großen und führt nach wenigen Kilometern an einer Burganlage vorbei, die den Namen »Wittekindsburg« trägt. Von dem Geschehen zwischen dem Sachsenherzog und dem Frankenkaiser zeugen weitere Reste nach ihm benannter Burgen, die Wittekindsquelle sowie der Geva-Stein, der an die Gemahlin des Sachsenherzogs erinnert. So ist eine Wanderung auf dem Kamm des Wiehengebirges eine Wanderung »auf den Spuren des Sachsenführers Wittekind«. Unterwegs passiert der Wanderer in einem alten Steinbruch außerdem ein einzigartiges Naturdenkmal, die »Saurierfährten von Barkhausen«. Wie beliebt der Wittekindsweg, ein »Klassiker« unter den Fernwanderwegen in Deutschland ist, beweist die Tatsache, daß bis heute 78 656 Wanderer nach abgeschlossener Wanderung mit Urkunden und Wittekindsabzeichen belohnt wurden.

Der Wiehengebirgsverband, welcher den Wittekindsweg und außerdem weitere 11 Fernwanderwege im Nordwesten der Bundesrepublik betreut, hält für interessierte Wanderer und erholungsuchende Bürger ein gut aufeinander abgestimmtes »Info-Paket« bereit.

Professor Dr. Clemens Arkenstette
Präsident des Wiehengebirgsverbands Weser-Ems e. V.

Vorwort

Irgendwo hat wohl jeder in einem Winkel seines Herzens eine »Stille Liebe«. Für mich trägt sie übrigens den Namen »Teutoburger Wald«! Als Pennäler habe ich seine Buchenwälder, die Höhen und fruchtbaren Täler durchstreift. Im Sennesand spürte ich schließlich, zu welcher Last er werden kann, und später, nach »den sogenannten Wanderjahren«, kehrte ich reumütig zurück.

Teutoburger Wald, Egge- und Wiehengebirge sind ein einmalig schönes Wandergebiet, ein altes Bauernland mit Sattelmeyer-Höfen, ein Landstrich, mit dem zwei Namen unauslöschlich verbunden sind. Das sind Hermann der Cherusker, dessen Denkmal von der Grotenburg bei Detmold weit ins Land grüßt und der Sachsenherzog Wittekind, dessen Gebeine in der Dionysius-Kirche in Enger ruhen.

Aber nicht nur der Kultur und Geschichte gilt es hier nachzuspüren, denn auch die Gastlichkeit ist hier zu rühmen. Westfälischer Schinken, Pumpernickel, Grünkohl oder Pickert locken genau wie ein »Steinhäger«-Schnaps die Wanderer zu neuen Taten.

Wer dann, aus welchem Grund auch immer, dennoch einmal vom Wege abkommt, der denke doch bitte stets daran, daß man ja nicht nur wandert, um anzukommen, sondern vor allem, um zu wandern. Um jedoch möglichen »Irrungen« beizeiten vorzubeugen, wurde der Wanderführer erneut überarbeitet und verbessert.

Und über diesem gesamten Angebot steht nun ein Spruch, den ich im Naturpark in Rüte fand: »In düssen Holde sind ne masse kleene Pättkes, und alle sind se krumm und schewe, un das is dat, wat ich so lewe. Vugelsang und frische Luft, de krech man her ganz unbewußt!«

Aber nicht nur Vogelsang, schiefe, kleine Wege und frische Luft erwarten Sie hier im »Holze«, sondern gewiß auch eine Begegnung mit einem äsenden Reh, ein Blick weit ins Land oder das Wort eines Gleichgesinnten.

Bleibt also zu hoffen, daß Ihnen, den Benutzern, der Wanderführer in dieser Form auch weiterhin ein hilfreicher Begleiter ist und bleibt. Falls es Probleme gibt, lassen Sie es bitte den Verlag und mich wissen. Wenn es jedoch keine gibt, und Sie sich genauso wie ich an der Natur ergötzen, dann haben der Verlag und ich mit dieser Arbeit genau unser Ziel erreicht.

Günter R. E. Richter

Großsteingrab und Opferstein

1 Restrup – Branneke – Restrup

Verkehrsmöglichkeiten Bus von Döthen nach Fürstenau mit Anschluß nach Quakenbrück.
Parkmöglichkeiten In der Kettenkamperstraße gegenüber vom Großsteingrab Hekese.
Wegmarkierungen Keine.
Tourenlänge 5 Kilometer.
Wanderzeit 1¼ Stunden.
Höhenunterschiede Insgesamt 30 Meter Steigung.
Wanderkarte 1:50000 L 3512 Bramsche.
Straßenkarte Generalkarte 1:200000, Blatt 6.
Anmerkung Da keine Wegkennzeichnung vorhanden ist, sind im nachfolgenden Text topographische Punkte und Bezeichnungen aus der Karte 1:50000 in Klammern eingefügt.
Wissenswertes Großsteingrab Hekese ist etwa 4500 Jahre alt, zwei Kammern, an beiden Enden durch Steingang verbunden. Auf Sonnenuntergang am 21. Juni ausgerichtet.
Tourenbeschreibung Genau gegenüber vom Großsteingrab liegt der Parkplatz, von dem unsere Wanderung auf der wenig befahrenen Straße in nordöstlicher Richtung beginnt. Nach 300 Metern macht die Straße eine Rechtskurve (Punkt 36.0).

Zu Tour 1 **Steingrab Hekese** (Foto: Günter R. E. Richter)

Kurz dahinter zweigt vor dem Kruzifix nach rechts die Straße *Friesenweg* ab, der weite Strecken durch freies Feld (Punkt 36.7), aber auch kurz durch Wald führt. Wir biegen an der ersten Kreuzung rechts in den *Branneckeweg* ab, der am Waldrand entlang führt.

Nach etwa 300 Metern knickt der Weg leicht links ab, führt an Punkt 45.2 vorbei, steigt langsam auf die Anhöhe, wo er dann in der Höhe eines Gehöftes wieder rechts abwinkelt. An der nächsten Kreuzung geht es geradeaus weiter und kurz hinter der Sandkuhle rechter Hand biegen wir an einer Wegegabel rechts (Punkt 74.6) ab.

Wir behalten die jetzt eingeschlagene Richtung bei und erreichen an einer Scheune mit einem rotgestrichenen Holzstempel einen geklinkerten Weg. Wir gehen geradeaus weiter und gelangen schließlich auf die Straße, die von Bippen nach Restrup führt.

Wir gehen in der bisherigen Richtung weiter und biegen kurz hinter der Bushaltestelle rechts ab in Richtung Großsteingrab, wo wir unseren Parkplatz erreichen.

Beiderseits des Eggermühlenbaches

2 Eggermühlen – Sussum – Döthen – Eggermühlen

Verkehrsmöglichkeiten Bus von Fürstenau nach Quakenbrück.
Parkmöglichkeiten Am Kirchplatz.
Wegmarkierungen Keine.
Tourenlänge 6 Kilometer. **Wanderzeit** 1¼ Stunden.
Höhenunterschiede Insgesamt 30 Meter Steigung.
Wanderkarte 1:50000 L 3521 Bramsche.
Straßenkarte Generalkarte 1:200000, Blatt 6.
Anmerkung Da keine Wegekennzeichnung vorhanden ist, sind im nachfolgenden Text topographische Punkte und Bezeichnungen aus der Karte 1:50000 in Klammern eingefügt.
Tourenbeschreibung Vom Kirchplatz in *Eggermühlen* beginnt die Tour in Richtung Ankum. Gleich hinter dem *Eggermühlenbach* führt rechts ein breiter Weg in den Wald hinein. Er verläuft etwa parallel zum Bachgrund (nördlich Punkt 60.0).

Wir ändern keinen Augenblick unsere Richtung, bis wir aus dem Wald heraus auf eine Straße stoßen, auf die wir rechts abbiegen und gleich darauf die *Wösteneschmühle* rechts liegen lassen.

Wir befinden uns hier auf der *Bestenerstraße,* die hinter der Mühle *Klein Bokener Straße* heißt. Wir gelangen an eine Wegegabel und halten uns hinter dem Kruzifix links. Wir biegen dann

am Ortsrand von *Sussum* hinter der Mariengrotte schließlich rechts ab.

Hier geht es auf dem *Backsbollweg* ein wenig bergauf und halblinks herum auf den Waldrand zu, an dem wir rechts in die Straße *Osterboll* abbiegen. An der ersten Kreuzung halten wir uns wieder rechts in den *Hehlweg*.

Dieser Weg ist erst geteert, geht dann in einen Feldweg über, macht vor einem A-Mast einen Knick nach links und mündet auf eine breitere Straße. Ihr folgen wir rechts, bis wir an den Waldrand gelangen.

Hier am Ortsrand von *Döthen* biegen wir rechts ab und verlassen die eingeschlagene Richtung nicht eher, bis wir *Schloß Eggermühlen* erreichen. Erst hier geht es links weiter, genau auf die Kirche von Eggermühlen zu.

Um die Sandberge herum

3 Fürstenau – Lonnerbecke – Sültemühle – Dalum – Rumke – Bedinghausen – Wegemühlen – Fürstenau

Verkehrsmöglichkeiten Bus Osnabrück, Rheine und Quakenbrück.
Parkmöglichkeiten Am Schloßvorplatz.
Wegmarkierungen Von der Bojemühle bis zum Schloß weißer Punkt.
Tourenlänge 16 Kilometer.
Wanderzeit 4 Stunden.
Höhenunterschiede Insgesamt 61 Meter Steigung.
Wanderkarte 1:50000 L 3512 Bramsche.
Straßenkarte Generalkarte 1:200000, Blatt 6.
Anmerkung Da keine Wegekennzeichnung vorhanden ist, sind im nachfolgenden Text topographische Punkte und Bezeichnungen aus der Karte 1:50000 in Klammern eingefügt.
Wissenswertes *Fürstenau* ist eine alte Festungsstadt (14. Jh.), bischöfliches Schloß.
Tourenbeschreibung Vom Parkplatz am Schloß gehen wir in Verlängerung vom Schloßeingang bis zur *Burgstraße* und biegen links in die *Bahnhofstraße* ab. Sie geht dann in die *Konrad-Adenauer-Straße* über, auf der wir bis zu den Bahngleisen bleiben.

Unmittelbar hinter den Schienen biegen wir in die *Ettenfelder Straße* ab, die insgesamt drei Kilometer (vorbei an Punkt 52.4) nach Norden führt. In der Siedlung von *Ettenfeld* gehen wir über eine querverlaufende Straße hinweg in der bisherigen Richtung weiter in den Wald hinein.

Wir halten uns noch immer geradeaus durch den Wald *Im alten Sande,* bis wir an der Häusergruppe (Lonnerbecke) auf einen asphaltierten Weg stoßen. Hier ändern wir das erste Mal die Richtung, biegen rechts in die Straße *Zur Tholenburg* ab, bis wir an eine zweite Häusergruppe gelangen, durch die wir halblinks hindurchgehen müssen.

Der Weg führt schließlich über einen kleinen Bach und endet auf der *Einigkeits-Straße,* auf der wir uns rechts zur Bahnunterführung halten. Hier heißt die Straße nun *Olmühle,* führt am Gasthaus *Sültemühle* vorbei, steigt langsam und mündet kurz vor *Dalum* in eine Vorfahrtstraße.

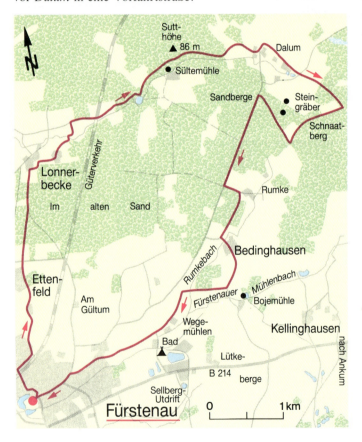

Hier geht es zunächst 200 Meter links weiter, dann biegen wir rechts ab. Am Dorfweiher kreuzt eine schmale Straße, wir bleiben weiter geradeaus, bis dann auf der Anhöhe rechter Hand im Waldstück ein *Hünengrab* (Punkt 111.3) versteckt liegt.

Es geht ein kleines Stück bergauf und rechts dem blauen und grünen Pfeil nach in eine kleine Senke hinein, wo rechts ein Wohnhaus steht. Wir bleiben weiter in fast westlicher Richtung (nördlich vom Schnaatberg) und kommen nach 500 Metern an der Waldnase an einem Querweg heraus.

Wir biegen rechts ab am Hochsitz am Waldrand vorbei und bleiben so lange auf dem ständig steigenden Waldweg, bis er in eine Straße mündet. Wir biegen links ab und bleiben etwa einen Kilometer auf dieser Straße.

Es geht am Cheruskerstein vorbei bis zur Ausschilderung für einen Wanderparkplatz. Genau gegenüber (Punkt 78.0) geht eine Straße ab, die in *Rumke* an den Dorfweiher heranführt, vor dem wir rechts nach *Bedinghausen* abbiegen, wo sich die Straße gabelt. Es geht links durch den Ort weiter.

Etwa 100 Meter hinter dem gelben Pfahl auf der rechten Seite biegen wir rechts vor dem Wald in eine Straße ab, die an einer Erdgas-Station, einem Bauernhof und am Freibad von *Wegemühlen* vorbeiführt.

Wir stoßen auf die vorfahrtberechtigte *Anterhofstraße,* die geradeaus in Fürstenau genau auf der *Bahnhofstraße* herauskommt, wo wir schnell zum Parkplatz zurückfinden.

Zum Lordsee und Krähenberg

 Ankum – Rüssel – Schultenhof – Busselmann – Tütingen – Brunning – Ankum

Verkehrsmöglichkeiten Bus nach Bersenbrück.
Parkmöglichkeiten Zwischen Kirchplatz und Friedhof an der Schulstraße/Ecke Vogelberg.
Wegmarkierungen Keine.
Tourenlänge 11 Kilometer.
Wanderzeit 3¾ Stunden.
Höhenunterschiede Insgesamt 30 Meter Steigung.
Wanderkarte 1:50000 L 3512 Bramsche.
Straßenkarte Generalkarte 1:200000, Blatt 6.
Anmerkung Im Ortsteil Westerholte besteht ein prähistorischer Steingräberweg als Lehrpfad (siehe Tour Nr. 66). Vom

Wanderparkplatz Tütingen-Krähenberg gibt es weitere Rundwanderwege. – Da sonst keine Wegekennzeichnung vorhanden ist, sind im nachfolgenden Text topographische Punkte und Bezeichnungen aus der Karte 1:50000 in Klammern eingefügt.

Tourenbeschreibung Von der *Schulstraße* biegen wir rechts in die *Hauptstraße* ab und gehen links auf der *Alfred-Eymann-Straße* bis an die *Lingener Straße* (B 214) heran. Hier geht es links leicht bergauf in Richtung Osnabrück.

Hinter dem Krankenhaus biegen wir rechts in die *Alfhausener Straße* ab. An einer alten Eichengruppe mit einem Kruzifix biegen wir links in *Knörlpatt* ein, überqueren die *Industriestraße* (Punkt 62.1) und gehen *Im Walsumer Esch* schnurstracks auf eine Gehöftgruppe in der vor uns liegenden Senke zu.

An der Baumgruppe mit dem Kruzifix biegen wir rechts ab und erreichen bald darauf die Verbindungsstraße »Ankum – Bersenbrück«, der wir links bis zum *Lordsee* folgen. Wir biegen rechts in die *Wehbergener Straße* ein, die ein kurzes Stück am See (Schultenhof) entlangführt.

Hinter dem See geht rechts ein Feldweg westlich über den *Hollenberg*. Dort, wo er an Eichen und Birken entlangführt, knickt er nach rechts ab. Er nimmt die Richtung auf das einzige Haus mit rotem Dach, das von hier aus zu erkennen ist.

Wir stoßen nun an einem ehemaligen Wirtshaus auf die Straße »Ankum − Alfhausen«. Wir biegen links ab und steigen vielleicht 400 Meter die Straße bergan. Dort, wo links ein Kruzifix steht, geht es nun rechts genau am Waldrand weiter.

Nach einem kurzen Gefälle erreichen wir eine schmale Straße, hinter der ein größerer Teich liegt, biegen links ab und kommen erneut an einem fast verlandeten Teich vorbei.

Wir müssen nun halbrechts an einem Gehöft über die kleine Anhöhe hinweg auf einen Wald im Bachgrund zuwandern. Wir überqueren einen Bach, halten uns sofort rechts und gleich wieder links an weiteren Fischteichen vorbei auf den Wald zu.

Zu Tour 4 **Blick auf Ankum** (Foto: Günter R. E. Richter)

Dort geht es über eine Anhöhe (KD) hinweg der weißen »14« nach bis zur Straße »Ankum − Ueffeln«. Wir halten uns rechts, haben am Wanderparkplatz »Tütingen/Krähenberg« Möglichkeiten zu weiteren Wanderungen. Wir bleiben nun etwa 2 Kilometer (vorbei an Punkt 76.7) auf dieser wenig befahrenen Straße.

An einem alleinstehenden Bauernhof rechter Hand biegen wir links im *Am Brunning* zur Mühle ab. Es geht an dem See von Ankum vorbei und rechts auf die B 214 zu, auf der wir schnell den Ausgangsort erreichen.

Beiderseits der B 218

 Ueffeln – Bühren – Balkum – Ueffeln

Verkehrsmöglichkeiten Bus nach Meppen und Osnabrück.
Parkmöglichkeiten Gegenüber der Kirche auf dem Wanderparkplatz.
Wegmarkierungen Südlich der Straße Ueffeln – Hesepe trägt der Weg um den Kettelsberg eine »1«, im weiteren Verfolg ein »F«, »1« und »3«, südwestlich der Straße durch den Gehnwald die »2«.
Tourenlänge 13 Kilometer.
Wanderzeit 3½ Stunden.
Höhenunterschiede Insgesamt 82 Meter Steigung.
Wanderkarte 1:50 000 L 3512 Bramsche.
Straßenkarte Generalkarte 1:200 000, Blatt 6.
Anmerkung Der Gehnwald ist reich an Schwarzwild.

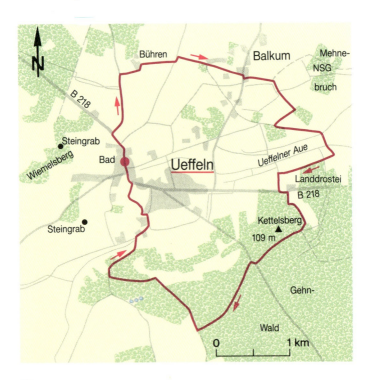

Wissenswertes *Ueffeln* 1240 erstmals urkundlich als Uflene (hinter dem Wald) erwähnt. Kirche von 1292. In der Umgebung Steingräber um 2000 v. Chr. Die Wittekindsburg aus sächsisch/fränkischer Zeit. Bauzeit unbekannt. Gedenkstein des Blutbades am Gehn 1531.

Tourenbeschreibung Vom Parkplatz führt der Weg in Richtung Norden bis an die Abzweigung nach Ankum heran. Ihr folgen wir rechts, bis der erste Schotterweg nach 1000 Metern rechts nach *Bühren* geht.

Über freies Feld steigen wir auf der *Kreuzbreite* bergan bis an einen Querweg heran. Hier geht es nur wenige Schritte nach links und gleich darauf auf der Straße *Am Sägewerk* in alter Richtung weiter nach Osten.

In *Balkum* erreichen wir eine Straße, gehen gut 50 Meter bis zum nächsten Gehöft auf der rechten Seite und biegen von der Straße in einen Feldweg auf der linken Seite ab. Dort, wo er am Kastenwäldchen einen Knick nach links macht, biegen wir rechts ab an Birken vorbei auf ein Waldstück zu.

Der Weg mündet stumpf auf eine schmale Straße. Wir wandern nun 400 Meter weiter nach rechts und dann erneut links. Nach etwa einem Kilometer biegen wir an der Straßengabel rechts ab, überqueren einen Bach, und biegen nach knapp 200 Metern erneut rechts ab.

Dieser Weg mündet stumpf. Wir biegen links ab und überqueren die Bundesstraße, gehen 100 Meter links und dann rechts in den Wald hinauf. Nach weiteren 100 Metern geht es erneut links ab und neben einer Lichtung bergauf.

Etwa am Ende der Lichtung biegt der Weg rechts ab und mündet auf einen breiteren Waldweg. Hier gehen wir rechts weiter. Dieser Weg ist mit »F«, »1« und »3« gekennzeichnet.

Am Wanderparkplatz überqueren wir die Straße und wandern auf dem Weg »2« weiter. Es geht über ein Wegekreuz geradeaus an einem Steinbruch vorbei und rechts am Schild »Heide am Gehn« wieder steil den Berg (Punkt 96,4) hinauf, an einer Schutzhütte mit weiter Aussicht vorbei, bis der Weg einen Steinbruch berührt.

An ihm führt der Weg vorbei zu einer Straße hinab. Hier halten wir uns rechts bergab, an der Straßengabel links auf dem *Friesenpatt* am Teich vorbei, bis wir den Ortsrand von *Ueffeln* erreichen. Hier wandern wir links an der Mauer auf dem *Friesenweg* zum Ausgangspunkt zurück.

Zwischen Bramscher Berg und Frettberg

Bramscher Berg – Knapp – Grünegras – Westerhausen – Bramscher Berg

Verkehrsmöglichkeiten Bahn nach Osnabrück, Oldenburg und Delmenhorst; Bus nach Osnabrück, Fürstenau, Quakenbrück und Vörden.
Parkmöglichkeiten Wanderparkplatz »Am Renzenbrink« im Nordwesten von Bramsche.
Wegmarkierungen Weiße »2« und »3« vom Parkplatz am Teich vorbei bis zur ersten Weggabel, von hier weiße »3« bis Waldrand nördlich Westerhausen, von hier weiße »3«, »7« und »F« zurück bis zum Parkplatz.
Tourenlänge 7 Kilometer. **Wanderzeit** 2 Stunden.
Höhenunterschiede Insgesamt 25 Meter Steigung.
Wanderkarte 1:50000 L 3512 Bramsche.
Straßenkarte Generalkarte 1:200000, Blatt 6.
Anmerkung Aussichtsturm am Bramscher Berg.
Wissenswertes *Bramsche* ist die Stadt der Tuch-, Leinen- und Tapetenindustrie. Um 800 von Franken gegründet, 1097 erstmals erwähnt, 1580 Zunft der Tuchmacher gegründet, 1929 Stadtrechte verliehen.
Tourenbeschreibung Vom *Renzenbrink* geht es zwischen Tiergehegen hindurch an dem Anglerteich rechts vorbei bis zur er-

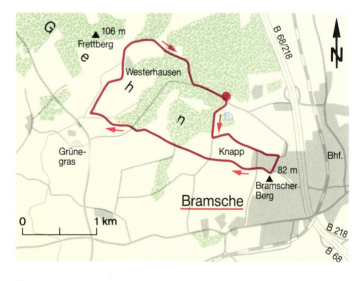

sten Abzweigung nach links. Wir gehen links zum Gehöft weiter, wo der Weg eine Rechtskurve macht und ganz langsam auf den Westrand von *Bramsche* zu fällt.

Von der *Luisenstraße* biegen wir rechts in den *Alten Postweg* ab und passieren den Aussichtsturm. Wir biegen rechts in die nächste Straße ab, weiter in Richtung Westen. Dort, wo der Weg »3« einmündet, hört die Teerdecke der Straße auf.

Hier geht es weiter geradeaus und kurz vor einem Waldstück auf einem Feldweg über eine Straße hinweg. Wir gehen nun auf einem schmalen Waldpfad weiter und erreichen schließlich, vorbei an einem kleinen Teich, eine querlaufende Straße, der wir rechts hinauf nach *Westerhausen* folgen.

Ziemlich auf der Anhöhe, am roten Bauernhaus mit der Kastanie, geht rechts von der Straße am Schild »Westerhauser Straße« ein Weg ab, der vor dem Wald entlangführt.

Es geht dann in den Wald hinein, an einer Lichtung vorbei. Hier müssen wir stets nach der »3« und dem »F« Ausschau halten, um den Weg nicht zu verfehlen. Der Weg endet plötzlich vor dem Zaun eines militärischen Objektes.

Wir gehen rechts an ihm vorbei, bis wir auf eine Straße stoßen. Diese führt nun links ohne Umschweife auf den Parkplatz *Renzenbrink* zurück.

Bis hinterm Berge

7 Wallenhorst – Hinterm Berge – Wallenhorst

Verkehrsmöglichkeiten Bus nach Osnabrück.
Parkmöglichkeiten An der Ortsstraße Nähe Kirche.
Wegmarkierungen Keine.
Tourenlänge 7 Kilometer.
Wanderzeit 1½ Stunden.
Höhenunterschiede Insgesamt 33 Meter Steigung.
Wanderkarte 1:50000 L 3714 Osnabrück.
Straßenkarte Generalkarte 1:200000, Blatt 6.
Anmerkung Da keine Wegkennzeichnung vorhanden ist, sind im nachfolgenden Text topographische Punkte und Bezeichnungen aus der Karte 1:50000 in Klammern eingefügt.
Wissenswertes *Wallenhorst* hat eine kulturhistorische bedeutsame Kirche aus dem 9. Jahrhundert, die etwa 300 bis 400 Jahre später umgebaut wurde.

Tourenbeschreibung Von der Kirche in *Wallenhorst* müssen wir auf der *Franksmannstraße* zunächst einmal auf einer Brücke die »B 68« überqueren. Wir kommen links abbiegend in das alte Dorf und halten uns noch vor der Kirche rechts in den ersten Weg, der durch ein Gehöft führt.

Wir überqueren nun eine schmale Straße (Punkt 83) und auch einen Bach, ehe wir nach leichtem Gefälle eine eingezäunte Erdgasstation erreichen. Vor dem nächsten Gehöft wandern wir links zur Waldnase hoch und biegen rechts auf eine gepflasterte Straße ab.

Wir gehen in Richtung auf den Sendemast weiter an zwei Sandkuhlen vorbei. Unser Weg heißt *Hinterm Berge* und mündet stumpf. Hier biegen wir rechts ab bis an die »L 78« heran und halten uns erneut rechts bis zum Wirtshaus *Am Voßberg,* an dem wir rechts auf den *Hammweg* abbiegen.

Auf diesem schmalen Wirtschaftsweg bleiben wir bis zum *Burweg* und gehen hier links weiter bis zur *Schwalenbergstraße*, die rechts zum alten Dorf zurückführt. Wir halten uns nun links, überqueren nach rechts die »B 68« und stehen wieder am Ausgangsort.

Beiderseits des Zweigkanals

8 Hollage – Dörnte – Langkamp – Hollage

Verkehrsmöglichkeiten Bus nach Osnabrück.
Parkmöglichkeiten Unweit der Hauptstraße bei der Kirche.
Wegmarkierungen Keine.
Tourenlänge 10 Kilometer.   **Wanderzeit** 2½ Stunden.
Höhenunterschiede Insgesamt 10 Meter.
Wanderkarte 1:50000 L 3712 Ibbenbüren.
Straßenkarte Generalkarte 1:200000, Blatt 6.
Anmerkung Da außer im Staatsforst Bersenbrück keine Wegekennzeichnung vorhanden ist, sind im nachfolgenden Text topographische Punkte und Bezeichnungen aus der Karte 1:50000 in Klammern eingefügt.
Tourenbeschreibung Wir biegen von der Kirche rechts in die *Hollager Straße* ab, gehen über die Kreuzung hinweg und halbrechts in die *Hermannstraße* hinein. Dann geht es links auf der *Dörnter Straße* weiter, bis wir kurz vor dem Yachthafen (Trame) wieder die *Hollager Straße* erreichen.

Wir überqueren den Kanal, biegen sofort rechts ab und wandern nun neben dem Kanal entlang. Es geht am Anglerheim vorbei bis an die erste Brücke. Hier biegt der Weg halblinks (Punkt 52) ab, führt auf einen Wald zu und rechts am Waldrand entlang wieder an den Kanal heran.

Unmittelbar an der Brücke gehen wir nun auf dem Weg geradeaus weiter, der neben dem Kanal entlangführt. Nach etwa 1 Kilometer erreichen wir die nächste Brücke. Hier überqueren wir den Kanal und gehen auf dem mit »2« und »M« gekennzeichneten Waldweg so lange geradeaus, bis wir an eine Straße gelangen.

Wir biegen rechts auf sie ab und halten uns gleich wieder links. Nach 1 Kilometer mündet der Weg wieder auf eine Straße. Wir biegen rechts ab, gehen über die *Hana-Straße* hinweg, dann auf dem *Pollerweg* weiter und biegen an einem Waldstück rechts in die *Fiesteler Straße* ab, die in einem leichten Linksbogen zur Kirche von *Hollage* zurückführt.

Zu den Sloopsteinen

 Westerkappeln – Haus Kappeln – Kahlen Hügel – Rother Berg – Westerkappeln

Verkehrsmöglichkeiten Bus nach Osnabrück, Ibbenbüren, Hopsten und Tecklenburg.
Parkmöglichkeiten Parkplatz am Stadion im Osten der Stadt.
Wegmarkierungen »T« von Eisenbahnlinie nördlich Rother Berg bis Eisenbahnlinie mit Straßengabel nördlich der Kiesgrube.
Tourenlänge 12 Kilometer.
Wanderzeit 3 Stunden.
Höhenunterschiede Insgesamt 26 Meter Steigung.
Wanderkarte 1:50000 L 3712 Ibbenbüren.
Straßenkarte Generalkarte 1:200000, Blatt 6.
Wissenswertes *Westerkappeln* mit romanisch-frühgotischer Kirche mit freitragendem Kreuzgewölbe und Barockkanzel. Sehenswert sind Wasserburg *Haus Kappeln* (18. Jh.), Haus Langenbrück und Haus Velpe. Sloopsteine (der Name bedeutet Schlafsteine) sind ein jungsteinzeitliches Megalithgrab (2000 v. Chr.). In Westfalen sind nur noch fünf davon erhalten, zwei davon im Gebiet von Wersen.
Tourenbeschreibung Vom Parkplatz am Stadion gehen wir auf der *Hanfriedstraße* stadteinwärts, biegen rechts in die *Buller-*

teichstraße ab und erreichen ein schmiedeeisernes Tor. Wir gehen hindurch in eine Allee hinein und am Ende dann auf die *Wasserburg Kappeln* zu.

Kurz vor der Burg biegen wir links wieder in eine Allee ab und kommen auf der *Von-Loen-Straße* heraus. Wir gehen weiter bis an die Landstraße (nach Recke) heran, biegen rechts ab und gehen so lange auf ihr weiter, bis wir am Ende der Siedlung ankommen.

Es geht nun rechts auf dem *Burgweg* weiter und am Ende der Häuserreihe erneut rechts in die Straße *Am Kapellenweg* ab. Wir kommen noch einmal an einem schmiedeeisernen Tor vom Wasserschloß Kappeln vorbei, erreichen die *Bramscher Straße,* auf der es links bis zu einem hellbraunen Haus geht, vor dem sich der Weg gabelt.

Wir halten uns rechts in die *Osterbecker Straße,* biegen bei dem Gehöft mit der Steinmauer und den zwei dicken Eichen rechts ab. Wir erreichen rechter Hand eine lebende Hecke, die zwei Gehöfte miteinander verbindet. Hier geht es links ab an der Höhe 66 vorbei, bis unser Weg T-förmig endet.

Hier halten wir uns rechts und wandern parallel zur Hochspannungsleitung. An der ersten Kreuzung, 200 Meter hinter dem weißen Fachwerkhaus, geht es links weiter durch relativ offenes Gelände des Naturschutzgebietes. Nach etwa 1 Kilometer, wir haben nun ein Waldstück erreicht, kommen wir auf dem *Sloopsteinweg* heraus.

Wir halten uns links zum Waldrand und gehen auf *Wersener Holz* weiter, bis von links eine Straße (Lkw-Verbot) einmündet.

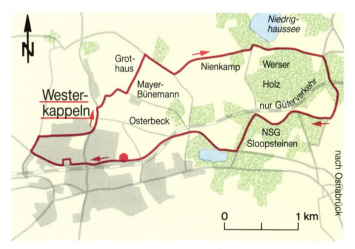

Hier geht es rechts auf einem Waldweg weiter. Es ist der mittlere (links ein Trampelpfad, rechts ein breiter Waldweg), der nach leichten Bodenwellen über ein Bahngleis hinwegführt.

Wir erreichen eine Vorfahrtstraße, die rechts herunter an Bahngleise heranführt. Wir kommen vor einem Vorfahrtschild noch einmal an die Bahngleise heran und biegen links in den *Sloopsteinweg* ab. Nach gut 300 Metern ist am Waldrand zu den »Sloopsteinen« ausgeschildert.

Es geht an dem Megalithgrab vorbei bis zur *Sandstraße,* auf der wir rechts weiterwandern. Wir gehen am Baggersee vorbei, unter einer Hochspannungsleitung hindurch und erreichen ein drittes Mal das Bahngleis. Wir gehen neben ihm weiter, überqueren es und gehen dann auf dem *Gartenmoorweg* auf das Stadion von *Westerkappeln* zu.

Um den Belmer Bach

10 Belm – Klein Haltern – Groß Haltern – Halter Berg – Belm

Verkehrsmöglichkeiten Bus nach Schledehausen, Osnabrück.
Parkmöglichkeiten In der Lindenstraße an der Kirche.
Wegmarkierungen Weißes + von Belm bis 400 Meter vor Astrup.
Tourenlänge Etwa 10 Kilometer.
Wanderzeit 2½ Stunden.
Höhenunterschiede Insgesamt 84 Meter Steigung.
Wanderkarte 1:50 000 L 3714 Osnabrück.
Straßenkarte Generalkarte 1:200 000, Blatt 6.
Anmerkung Für den Weg über den Halter Berg empfiehlt es sich, einen Kompaß mitzunehmen.
Tourenbeschreibung Auf der *Lindenstraße* geht es in Richtung auf die B 51/65 bis zur Ausschilderung zum »Haus St. Marien«. Hier biegen wir rechts in den *Karl-Adams-Weg* ab. Er geht in *Astruper Weg* über und führt am Altersheim vorbei.

Wir gehen über die Höhe 105 hinweg bis zur *Schloßstraße,* in die wir rechts abbiegen. Auf dieser Straße gelangen wir zu einer größeren Gehöftgruppe, gehen rechts weiter um die Häuser herum, an den Teichen vorbei und parallel zu einer Hochspannungsleitung, bis wir auf einen Wirtschaftsweg gelangen.

Hier gehen wir rechts auf dem *Burhaksweg* weiter bis *Klein Haltern* und biegen links in den *Haarener Weg* ab. Fast auf der

Anhöhe führt halbrechts ein Weg in den Wald hinein, der nach gut 400 Metern einen breiteren Waldweg kreuzt.

Wir biegen rechts ab, kommen aus dem Wald heraus, an einem Gehöft vorbei, bis unser Weg in den *Gramberger Weg* übergeht, durch *Groß Haltern* führt und über die Hauptstraße hinweg in der bisherigen Richtung weitergeht.

Wir passieren nun ein Gehöft, überqueren erneut eine Vorfahrtstraße und gehen auf den Berg zu. Etwa 1 Kilometer führt ein echter Feldweg unterhalb des Waldes an den Feldern entlang, an einer freistehenden Eiche vorbei, bis wir auf einen Querweg stoßen.

Wir gehen rechts in den Wald hinauf und mit Kompaß nach Westen weiter. Nach höchstens 700 Metern kommen wir auf der *Darumer Straße* heraus, auf die wir rechts abbiegen, bis wir in *Belm* die *Lindenstraße* erreichen und links zum Ausgangspunkt zurückkehren.

Auf dem Kapellenweg zur Krebsburg

11 Ostercappeln – Krebsburg – Ostercappeln

Verkehrsmöglichkeiten Bus nach Osnabrück, Diepholz.
Parkmöglichkeiten Wanderparkplatz Ostercappeln »Windhorstbrücke«.
Wegmarkierungen Wanderweg »4«.
Tourenlänge 6 Kilometer.
Wanderzeit 2 Stunden.
Höhenunterschiede Insgesamt 70 Meter Steigung.
Wanderkarte 1:50000 L 3714 Osnabrück.
Straßenkarte Generalkarte 1:200000, Blatt 6.
Wissenswertes *Lambertikirche* mit Turm von 1100. Im Jahre 816 als Missionszelle des Bistums Osnabrück gegründet.
Tourenbeschreibung Der Weg führt sofort in den Wald hinein und biegt schon nach wenigen Metern rechts ab. Es geht über die Windhorstbrücke geradeaus weiter an einem Ehrenmal vorbei. Am Ende des Sportplatzes biegen wir rechts ab.

Nach etwa 50 Metern halten wir uns dann aber links und kommen am Gasthaus *Kapellenberg* vorbei. Wir erreichen den *Kapellenweg*, gehen an der Kapelle vorbei und bleiben ständig auf der Anhöhe.

Wir folgen der rot-weißen Kennzeichnung und der »4«, bis schließlich auch dieser Weg langsam über die Hangnase bergab

führt. Neben der Bahnlinie folgen wir weiter der rot-weißen Kennzeichnung und der »4« bis zur Kreisstraße.

Diese führt rechts unter der Bahn hindurch. Kurz danach zweigt ein Fußweg rechts zur Krebsburger Mühle ab. Hier geht nun der Weg »4« wieder links auf der Kreisstraße weiter bis zum Wanderparkplatz, über den hinweg ein Feldweg bis zur Krebsburg führt.

Es geht über den Hof, nun auf dem Feldweg unter der Eisenbahn hindurch bis zu einem weißen Haus, an dem rechts der Weg *An der Krebsburg* talwärts führt. In Höhe eines Gehöftes biegt der Weg genau unter einer Oberleitung halblinks ab und führt zwischen Feldern entlang.

Zu Tour 11 **Ostercappelner Lambertikirche** (Foto: Günter R. E. Richter)

Er senkt sich in einen Grund, wo wir einen Bach überqueren, an einem Zaun vorbei kurz ansteigen und nur etwa 40 Meter weiter nach rechts gehen. Hier biegt der Weg an einer eingefriedeten Weide links hoch und schlängelt sich ein kurzes Stück am Waldrand entlang.

Wir gehen an einer Bank vorbei nun auf die beiden Kirchen des Ortes zu. So erreichen wir am Ortsrand von *Ostercappeln* die *Schlesierstraße,* die gegenüber vom Friedhof in die *Bremer Straße* mündet.

Wir biegen links ab, gehen an der Kirche vorbei bis *Große Straße,* in die wir links abbiegen. Dann folgen wir der *Bahnhofstraße* vorbei an der Post und erreichen bald wieder den Wanderparkplatz.

In Richtung Silbersee

12 **Hasbergen – Ortenbrink – Jägerberg – Heidhornberg – Hasbergen**

Verkehrsmöglichkeiten Bahn und Bus nach Lengerich und Osnabrück.
Parkmöglichkeiten In der Martin-Luther-Straße in der Nähe der evangelischen Kirche.
Wegmarkierungen Gelbes + vom Jägerberg bis Roter Berg.
Tourenlänge 9 Kilometer.
Wanderzeit 2½ Stunden.
Höhenunterschiede Insgesamt 143 Meter Steigung.
Wanderkarte 1:50000 L 3712 Ibbenbüren.
Straßenkarte Generalkarte 1:200000, Blatt 6.
Wissenswertes Am Wanderparkplatz *Roter Berg* beginnt ein geologischer Lehrpfad durch die Erztagebaue.
Tourenbeschreibung Von der *Martin-Luther-Straße* geht es an der Kirche vorbei und nach einer Rechtskurve in der *Tecklenburger Straße* links weiter. Wir gehen über einen Bahnübergang, nähern uns der nächsten Gleisanlage und einer Stoppstraße.

Wir überqueren diese Straße, folgen dann rechts der Ausschilderung zum Wanderparkplatz, indem wir die Gleise überschreiten und am Friedhof vorbei in den Berg hinaufsteigen. Vom Waldrand geht es dann steil in den Berg hinein.

Der schotterige Weg führt fast schnurgerade der Kennzeichnung roter Punkt »22« nach auf fast 200 Meter Höhe. Hier macht er eine kleine S-Kurve und fällt bis zu einem Querweg, an dem es links zum *Silbersee* und rechts zum *Jägerberg* geht. Hier halten wir uns rechts.

Wir erreichen die Straße, die zur Wirtschaft »Jägerberg« führt und biegen hier rechts in den mit »X« gekennzeichneten Weg in den Wald ab. Er führt an einer bewaldeten Schlucht entlang, knickt dann an einem Hochsitz rechts ab und mündet auf einen breiteren Weg.

Es geht links dem »X« nach bis an ein Wegekreuz heran. Wir biegen rechts ab. Hinter dem Wohnhaus bleiben wir auf dem geschotterten Fahrweg und folgen dann »X 15«. Der Weg macht eine langgezogene Rechtskurve an einem kleinen Steinbruch vorbei.

An der Wegegabel halten wir uns rechts dem roten Punkt nach bis zu einem Parkplatz. Von diesem Punkt kommen wir links auf *Roter Berg* zur *Osnabrücker Straße* hinunter. Jetzt geht es rechts weiter und gleich links in die *Schulstraße* hinein.

Auf ihr kommen wir an eine Eisenbahnüberführung, an der es links auf der *Tecklenburger Straße* und rechts hinauf zur *Martin-Luther-Straße* und damit zum Ausgangspunkt weitergeht.

Um die Große Egge

13 Oesede – Harderberg – Waldhof – Auf der hohen Linde – Oesede

Verkehrsmöglichkeiten Bus und Bahn nach Osnabrück und Bielefeld.
Parkmöglichkeiten Am Kirchplatz.
Wegmarkierungen Weißer waagerechter Strich von Gut Waldhof bis zur B 68. Von der Straße Franzhöhe bis zur Glückaufstraße weißer Rhombus mit Strich und vom Trampelpfad bis Potthofshof weißer Rhombus mit V.
Tourenlänge Etwa 12 Kilometer.
Wanderzeit 3 Stunden.
Höhenunterschiede Insgesamt 74 Meter Steigung.

Wanderkarte 1:50000 L 3714 Osnabrück.
Straßenkarte Generalkarte 1:200000, Blatt 6.
Wissenswertes Kloster *Oesede,* ehemaliges Benediktinerinnen-Kloster (Klosterkirche, 12. Jh.), Gnadenbild der Mutter Gottes. Freilichtspiele auf der Eichendorff-Waldbühne (Mai–September). Hohe Linde ist ein ehemaliger Landtagsplatz (Gedenkstein).
Tourenbeschreibung Vom *Kirchplatz* gehen wir links ab in die *Oeseder Straße* bis zur Bahnlinie, biegen dort rechts ab in die *Eisenbahnstraße,* die durch den Wald und ein Gehöft führt, bevor sie rechts neben einem kleinen Wasserlauf entlangführt, eine Straße überquert und sich immer noch am Bachlauf orientiert.

Dort, wo es nicht mehr weitergeht, biegen wir links in die *Kiebitzheide* und rechts in die *Dorfstraße* ab. Von ihr geht es rechts auf *Alte Heerstraße* weiter, die dann links an der Tankstelle vorbei zur *Brüsseler Straße* weiterführt.

Durch das Industriegebiet nähern wir uns der B 68, überqueren sie und gehen auf der *Alte Rothenfelder Straße* weiter an der Feuerwache vorbei in Richtung Gasthof »Kiffe«, biegen aber vorher rechts in die Straße *Rothorst* ab.

Wir unterqueren die Autobahn und gehen auf dem *Rothorst* auf ein Kruzifix am Waldrand zu. Wir biegen davor rechts ab und lassen Gut Waldhof mit großen Reitanlagen links liegen. Es geht erneut über die B 68 hinweg und auf dem gegenüberliegenden Parkplatz links weiter.

An der Ausfahrt des Parkplatzes biegt rechts ein schmaler Weg ab, der durch ein kleines Erholungsgebiet führt. Er knickt zweimal links ab und mündet nach einer Rechtskurve schließlich auf eine Fahrstraße.

Wir biegen rechts ab und steuern die Anhöhe mit dem Windmotor an, auf der *Auf der hohen Linde* liegt. Wir biegen rechts in die *Lindenbreede* ab. In der ersten kleinen S-Kurve biegen wir links ab, bis die Straße am Ortsrand von *Kloster Oesede* auf die *Franzhöhe* mündet.

Wir biegen rechts ab und folgen in dem kleinen Waldstück der Kennzeichnung »weißer Rhombus mit Strich« nach links, bis wir die *Glückaufstraße* erreicht haben. Auf ihr gehen wir nun rechts neben der »L 95« bis zu dem Hof mit den alten Kastanien und Linden weiter.

Hier geht es nun links auf der *Heinrich-Schmedt-Straße* über die Bahnlinie und die Düte hinweg. Kurz danach geht es rechts auf *Am Breenbach* weiter, der stumpf mündet. Wir gehen nun links ein Stückchen bergan und biegen rechts in einen Trampelpfad ab, der mit »weißem Rhombus und V« gekennzeichnet ist.

Wir kommen an einem Gehöft vorbei und erreichen auf der Straße *Im Potthofshof* einen großen Parkplatz. Hier halten wir uns rechts und biegen sofort wieder links ab in Richtung Kirche, wo wir unseren Ausgangspunkt erreichen.

Zu Tour 14 **Fachwerk am Kirchplatz von Holte** (Foto: Günter R. E. Richter)

Richtung Königsbach

14 Holte – Holterberg – Holte

Verkehrsmöglichkeiten Bus nach Osnabrück und Borgloh.
Parkmöglichkeiten Parkplatz Holter Friedhof.
Wegmarkierungen Von der Kirche weißer Doppelstrich bis zur Kreuzung Punkt 154, später dann bis Holte (einschließlich Burgruine) wieder Doppelstrich.
Tourenlänge 8 Kilometer. **Wanderzeit** 2 Stunden.
Höhenunterschiede Insgesamt 139 Meter Steigung.
Wanderkarte 1:50000 L 3714 Osnabrück.
Straßenkarte Generalkarte 1:200000, Blatt 6.
Wissenswertes Die Ruine Holter Burg ist eine frühmittelalterliche Burganlage gewesen (10./11. Jh.), fischgrätenförmiges Mauerwerk (opus spicatum) gilt als auffällig. Zerstört wurde die Burg wahrscheinlich zwischen 1308 und 1315. Evangelische Pfarrkirche (1770).
Tourenbeschreibung Vom Parkplatz an der Kirche gehen wir hinunter an die *Borgloher Straße*. Hier biegen wir links und

gleich wieder rechts in die *Schützenstraße* ab, gehen den Berg hinunter und in der Talsohle fast geradeaus an einem Zaun entlang.

Es geht durch den Wald bergauf bis an einen breiteren Weg heran. Wir halten uns rechts, kommen aus dem Wald heraus und gehen ein Stück am Waldrand entlang und dann nach rechts über eine Wiese hinweg.

So erreichen wir nun den befestigten *Sunderholz-Weg,* der links weiter an die Kreuzung von *Holterberg* heranführt. Wir überqueren die Straße. Es geht auf einem Feldweg ständig bergab, an einem Campingplatz vorbei und in den Wald hinein.

Am Waldrand kommen wir an die Straße *In der Gravenhorst* heran. Auf ihr gehen wir weiter talwärts. Vor uns, etwa unter der Hochspannungsleitung, fließt der Königsbach. Wir biegen hier jedoch links in die Straße *Zur Horst* ab, die ziemlich steigt.

Schließlich erreichen wir eine Straßengabel, halten uns links und befinden uns nun auf der Straße *Im alten Borgloh* und anschließend im *Rotthagen*. An der Wegegabel vor dem großen Gehöft geht es unter der Hochspannungsleitung rechts weiter.

An der Kreuzung biegen wir vor der Bus-Haltestelle links ab und befinden uns in Richtung Holte. Nach wenigen 100 Metern führt rechts ein Waldweg zur Ruine der frühmittelalterlichen *Burg Holte*. Wer auf diesen Abstecher verzichten möchte, geht auf der Straße weiter bis zur Kirche, zurück zum Parkplatz.

Zum Großen Heiligen Meer

15 Uffeln – Großes Heiliges Meer – Obersteinbeck – Hohnhorst – Uffeln

Verkehrsmöglichkeiten Bus nach Ibbenbüren.
Parkmöglichkeiten Neben der Kirche an der Ortsstraße.
Wegmarkierungen »T« vom Großen Heiligen Meer bis zur Kleines-Meer-Straße.
Tourenlänge 9 Kilometer.
Wanderzeit 2¼ Stunden.
Höhenunterschiede Insgesamt 35 Meter Steigung.
Wanderkarte 1:50000 L 3710 Rheine.
Straßenkarte Generalkarte 1:200000, Blatt 6.
Wissenswertes Am Heiligen Meer unterhält der Landschaftsverband ein naturwissenschaftliches Museum und eine biologische Forschungsstation. Das 10 Meter tiefe Große Heilige Meer

ist 530 Meter lang und 330 Meter breit. Es entstand vor etwa 2000 Jahren durch einen Erdeinbruch. Unterirdische Salzlager waren ausgelaugt. Es handelt sich um den größten natürlichen See Westfalens.

Tourenbeschreibung Von der Kirche aus gehen wir zunächst in Richtung auf den Mittellandkanal, überqueren ihn und bleiben so lange auf der Straße, bis wir in der Rechtskurve links über die Gleise und gleich wieder rechts in die *Nordbahnstraße* abbiegen können.

Wir kommen an einem Sportplatz und nur wenige 100 Meter links an einem Ballonstartplatz vorbei. Etwa 1 Kilometer zieht sich die Straße schnurgerade durch eine Jungeichenallee bis zu drei kleinen Baggerseen hin.

Dort knickt der Weg rechts ab und führt nun auf das Naturschutzgebiet der *Erdfall-Seen* zu. Unmittelbar an dem Schild »Naturschutzgebiet« geht es rechts ab. Der Weg, zunächst breit, verjüngt sich schließlich zu einem Hohlweg, bis wir an einer Tür im Zaun die Möglichkeit haben, auf einen Rundweg zu den Erdfallseen zu gelangen. (Dieser Weg ist etwa ein Kilometer lang).

Wir erreichen nun die »L 504«, biegen rechts ab, gehen an der Forschungsstation mit dem Museum vorbei und bleiben keine

500 Meter auf dieser Straße, wo wir dann links in die *Hugostraße* abbiegen. Es geht dann rechts auf der *Kleines-Meer-Straße* weiter, bis wir ein Bahngleis erreichen.

Wir gehen rechts parallel zum Bahngleis weiter bis zur Hauptstraße Hopsten – Ibbenbüren. Wir biegen links ab und bleiben auf dieser Straße, bis wir den Kanal hinter uns gelassen haben und biegen rechts in eine Nebenstraße ab.

Erst in *Hohnhorst* biegen wir an dem Gehöft mit breitem Bretterzaun links ab und gehen den Uffelner Berg hinauf. Kurz vor dem Wald, wo die Steigung schon ziemlich stark ist, biegt rechts ein Waldweg ab. Er führt ebenfalls stetig bergan und bald dicht neben der rechten Seite eines Steinbruches entlang.

Annähernd auf dem Gipfel biegen wir rechts ab. Der Weg führt durch den Wald und erneut an einem Steinbruch entlang. An einer Bank erreicht er den Waldrand und führt unterhalb des Friedhofs vorbei an die Straße. Hier biegen wir rechts ab und erreichen kurz darauf den Ausgangsort.

Zum Schloß Surenburg

16 Bevergern – Klei – Bergeshövede – Schloß Surenburg – Bevergern

Verkehrsmöglichkeiten Bus nach Rheine, Ibbenbüren, Gravenhorst.
Parkmöglichkeiten Kirche und Parkplatz 40 Meter von der Hauptstraße.
Tourenlänge 8 Kilometer.
Wanderzeit 2 Stunden.
Höhenunterschiede Insgesamt 10 Meter Steigung.
Wanderkarte 1:50000 L 3710 Rheine.
Straßenkarte Generalkarte 1:200000, Blatt 6.
Wissenswertes *Bevergern* hat eine Kirche aus dem 15. Jahrhundert und ein Heimathaus. Schloß Surenburg ist ein Wasserschloß aus dem 17. Jahrhundert.
Tourenbeschreibung Von der Kirche gehen wir zurück an die *Hauptstraße* und rechts weiter bis in die Höhe des Feuerwehrhauses. Dort geht es links ab auf die Straße *Im Hagen* und rechts auf einem Fußweg weiter, der *Allee* heißt. Er führt am Dorfteich vorbei und mündet schließlich auf die Straße Bevergern – Hörstel.

Gegenüber führt die *Kanalstraße* weiter parallel zum Kanal. In *Bergeshövede* knickt der Weg rechts ab, weil die Zufahrt zum Hafen am Kanal eine Sackgasse ist. Wir umrunden, zum Teil durch lichten Wald, das Hafenbecken und biegen dort, wo links eine Sackgasse ausgeschildert ist, rechts ab in den *Nienkamp*.

Dieser Weg führt über einen kleinen Bach zur Straße Bevergern − Riesenbeck hinauf, über sie hinweg und auf dem *Zum Send* bis an ein kleines Umspannwerk heran. Hier knickt der Weg links ab. Nach gut 200 Metern gehen wir rechts in einer Allee weiter.

Es geht zwischen zwei Torpfeilern hindurch genau auf das *Schloß Surenberg* zu. Wir umgehen es rechts herum bis zu der Straße, die vor dem Schloßrestaurant rechts abzweigt. Es geht zunächst 1,5 Kilometer schnurgeradeaus. Dann knickt der Weg, bevor er in alter Richtung weiterführt, nur knapp 20 Meter nach rechts ab.

Es ist der *Surenburger Damm*, dem wir bis zu einer Abzweigung mit Eichen folgen. Wir biegen hier rechts in die *Volbertstiege* ab, bis der Weg stumpf vor dem Bevergerner Friedhof mündet. Links und sofort wieder rechts abbiegend erreichen wir auf dem Fußweg durch die Allee wieder die Kirche von Bevergern.

Zu Tour 16 **Farbenpracht rund um Schloß Surenburg**

(Foto: Günter R. E. Richter)

Um den Lager Berg

17 Riesenbeck – Hermannweg – Riesenbeck

Verkehrsmöglichkeiten Bus nach Ibbenbüren, Rheine, Emsdetten.
Parkmöglichkeiten An der Kirche und kurz vor dem Hallenbad.
Wegmarkierungen »X« vom Parkplatz am Teutohang bis Hermannsweg, dazu »3«, »11« und »H« bis Parkplatz am Birgter Berg, 300 Meter unterhalb des Parkplatzes »1« bis auf Zubringer zum Teutohang.
Tourenlänge 7 Kilometer.
Wanderzeit 2 Stunden.
Höhenunterschiede Insgesamt 80 Meter Steigung.
Wanderkarte 1:50000 L 3710 Rheine.
Straßenkarte Generalkarte 1:200000, Blatt 6.
Wissenswertes Die *Riesenbecker* Kirche ist zum Teil romanischen Ursprungs mit Grabstein der seligen Reinhildis. Wasserschloß Surenburg zwei Kilometer west-südwestlich.
Tourenbeschreibung Von der Kirche geht es auf der *Sünte-Rendel-Straße* Richtung Hallenbad, dann am Parkplatz auf

Oberdorf zu. Hinter der Kanalbrücke biegen wir dann schließlich halblinks in die *Bergstraße* ein.

Am *Teutohang* stoßen wir auf einen Parkplatz. Hier führt eine Treppe hinauf zu einem Aussichtsturm, der einen guten Überblick über Riesenbeck und das Gelände um den Kanal gewährt. Nach einem weiteren kurzen steilen Anstieg erreichen wir den *Hermannsweg*.

Wir wandern nun rechts weiter. Es sind etwa drei Kilometer, die der Weg durch den Wald führt, ohne Aussichten zu gewähren. Schließlich mündet er auf einen Wanderparkplatz. Wir halten uns etwa 300 Meter rechts auf der Straße entlang.

Wir biegen nun links in den mit »1« gekennzeichneten Weg ab, der sich unweit der Straße durch den Wald schlängelt. Er verengt sich manchmal zu einem kleinen Hohlweg, bevor er auf einen breiten Waldweg mündet.

Wir biegen rechts ab und stehen bald darauf auf dem *Postdamm,* der talab bis zum *Teutohang* führt, wo wir rechts abbiegen und am Wanderparkplatz unterhalb des Aussichtsturmes links den Weg zurückgehen, den wir gekommen sind.

Zum hockenden Weib

18 Ibbenbüren (Haus Grone) – Egelkamp – Hockendes Weib – Haus Grone

Verkehrsmöglichkeiten Bus nach Osnabrück, dann Stadtverkehr Buslinie 12 bis Elmendorfer Straße.
Parkmöglichkeiten In Kirchennähe.
Wegmarkierungen »H« zwischen Dörenther Klippen und Hockendes Weib bis Wegspinne westlich der B 219, von hier »1« bis Haus Grone.
Tourenlänge 9 Kilometer.
Wanderzeit 2½ Stunden.
Höhenunterschiede Insgesamt 134 Meter Steigung.
Wanderkarte 1:50000 L 3712 Ibbenbüren.
Straßenkarte Generalkarte 1:200000, Blatt 6.
Wissenswertes *Ibbenbüren* 1146 erstmals erwähnt. 1702 an Preußen, 1721 Stadtrechte, 1740 erste Zechenanlage gegründet. An den Dörenther Klippen Freizeitanlage.
Tourenbeschreibung Von *Haus Grone* gehen wir zunächst durch eine Allee in Richtung Süden. Nach wenigen 100 Metern

liegt rechter Hand eine Fabrik, ihr gegenüber ein alter Eichenbaum, an dem wir links entlanggehen und kurz darauf ganz in Richtung Osten abschwenken.

Auf der Straße *Auf dem Trüssel* erreichen wir die B 219, gehen ein Stück links weiter, um dann rechts in den *Dierskamp* einzubiegen. Es geht dann rechts in den *Südring* hinein und rechts auf der *Sandstraße* weiter, die unter der neuen Autobahn A 30 hindurch langsam hangaufwärts führt.

Es geht an einem kleinen Gebetshäuschen vorbei auf eine rote Scheune zu, an der wir links abbiegen. Wir befinden uns nun auf dem *Teutohang,* dem wir so lange parallel zum Höhenzug folgen, bis wir die Bushaltestelle *Teutohang 61* erreichen. Hier biegen wir rechts ab.

Diese Straße steigt noch einmal gegen den Hang an, knickt dann an einer einzeln stehenden Eiche rechts ab und führt nur noch leicht bergan. Wenn die Straße erstmals ein wenig fällt, führt links ein Feldweg zum Waldrand hinan, wo wir, auf dem Kammweg angekommen, schon ein Straßenschild erkennen können.

Wir biegen hier nun rechts auf den Kammweg und dann links zum *Hockenden Weib* ab. Rechts neben den Klippen führt ein bequemer Weg ständig zu Tal, bis wir an einem Camping-Platz

Wandergruppe (Foto: Ulrich Schnabel)

herauskommen, ihn rechts umrunden und erneut die B 219 berühren. – Wir überqueren die Straße, halten uns links und gehen gegenüber von einem Wanderparkplatz rechts weiter, wo wir der Wegekennzeichnung »H« folgen. Nach anhaltender Steigung bis Punkt 110 erreichen wir eine Schutzhütte und gehen rechts der »1« nach. – Im weiteren Verlauf fällt der Weg dann doch bis zu einem Parkplatz hin, von dem es auf der *Groner Allee* weitergeht. Wir kommen am Pony-Hof vorbei und stoßen hinter der Allee auf den Parkplatz an der Aa in Nähe der Kirche.

Dreikaiserstuhl und Klotenberg

19 Brochterbeck – Dreikaiserstuhl – Bad Holthausen – Brochterbeck

Verkehrsmöglichkeiten Bus nach Tecklenburg und Ibbenbüren.
Parkmöglichkeiten Großer Parkplatz an der Straße zwischen den beiden Ortskirchen.
Wegmarkierungen »H« von Brochterbeck bis hinter Dreikaiserstuhl.
Tourenlänge 9 Kilometer.
Wanderzeit 2½ Stunden.
Höhenunterschiede Insgesamt 210 Meter Steigung.
Wanderkarte 1:50000 L 3712 Ibbenbüren.
Straßenkarte Generalkarte 1:200000, Blatt 6.
Wissenswertes *Brochterbeck* besitzt eine romanische Pfarrkirche mit spätgotischem Chor.
Tourenbeschreibung Vom Parkplatz aus schlagen wir nördliche Richtung an der Kirche vorbei ein, biegen links in die *Moorstraße* und rechts in die Straße *Zu den Klippen* ein. Hier folgen wir links der Ausschilderung zu den Dörenther Klippen.

Wir gehen über ein Bahngleis hinweg recht steil bergauf, haben mit zunehmender Höhe einen schönen Blick zurück über Brochterbeck, bis der Weg endgültig im Wald verschwindet.

Wir steigen unerläßlich weiter bergan, kommen an der Ausschilderung zum Dreikaiserstuhl vorbei und stehen wenig später an einem runden Schutzdach mit Bänken. Hier geht es rechts weiter. Nach wenigen Metern biegt der Hermannsweg links ab, wir aber gehen den Weg geradeaus den Berg hinauf.

Auch er macht eine Linkskurve, führt dann aber doch über die Höhe hinweg und durch den Wald talwärts. Das Gefälle wird stärker, der Wald öffnet sich und nun umrunden wir einige Wei-

den nach links, bevor der Weg zwischen zwei Gehöften herauskommt.

Jetzt geht es rechts auf der *Lengericher Straße* weiter über einen straßengleichen Schienenübergang. Hier geht es geradeaus weiter über eine Hauptstraße hinweg auf *Bad Holthausen* zu. Wir biegen von der »K 44« rechts in die »L 504« ein und halten uns an der Bushaltestelle *Zu den Fischteichen* rechts.

Es geht rechts an einem Hof und Forellenteichen vorbei bergauf. Wir halten uns links an einer kleinen Sandkuhle vorbei weiter in den Berg hinauf. Nach der ersten Linkskurve gabelt sich der Weg. Wir halten uns rechts und gehen gleich an dem ersten breiteren Weg links weiter immer noch bergauf.

Dieser Weg mündet auf eine Wegespinne, wo wir rechts der Ausschilderung »Brochterbeck« folgen. Wir überqueren schließlich die Gleise, gehen über die »K 24« hinweg und kehren auf der *Dorfstraße* zurück zum Parkplatz.

Rund um die Stadtfeldmark

20 Lengerich – Aldrup – Stöppel – Margarethen-Siedlung – Feldkamp – Lengerich

Verkehrsmöglichkeiten Bus nach Ibbenbüren, Bad Iburg, Münster, Osnabrück. Bahn nach Osnabrück und Münster.
Parkmöglichkeiten An der Kirche an der Straße nach Lienen.
Wegmarkierungen Keine.
Tourenlänge 14 Kilometer. **Wanderzeit** 3¾ Stunden.
Höhenunterschiede Insgesamt 16 Meter.
Wanderkarte 1:50000 L 3912 Lengerich.
Straßenkarte Generalkarte 1:200000, Blatt 6.
Anmerkung Da keine Wegekennzeichnung vorhanden ist, sind im nachfolgenden Text topographische Punkte und Bezeichnungen aus der Karte 1:50000 in Klammern eingefügt.
Wissenswertes *Lengerich* Stadtkirche (15. Jh.) mit romanischem Portal, Torhaus am Rathausplatz, Durchfahrt von um 1500.
Tourenbeschreibung Von der Kirche gehen wir zur Fußgängerzone und biegen rechts in die Straße *Im Hook* ab. Hier geht es

Beim Wandern (Foto: Klaus Puntschuh)

nun auf dem *Diersmanns Weg* immer geradeaus bis zum Ende. Dort biegen wir links ab in *Am Röttgers Busch,* der in den *Hekkenrosenweg* übergeht.

Er führt auf eine Sackgasse zu, vor der wir links in *Auf dem Bolten* abbiegen. Diese Straße mündet stumpf, es geht rechts weiter und links durch eine Unterführung unter der »L 591« hindurch. Auch dieser Weg mündet stumpf.

Wir biegen rechts in den *Quellenweg* und dann links auf der *Antruper Straße* in Richtung auf den *Sonnenhügel am See* ab. Wir lassen jedoch den Zeltplatz rechts liegen und bleiben auf der *Antruper Straße,* bis sie auf den *Saerbecker Damm* mündet, auf dem es links weitergeht.

Wir biegen jetzt links auf den *Aldruper Damm* ab, gehen dann rechts auf den *Strohdamm* weiter. Wir überqueren eine Brücke und biegen an der nächsten Straßengabel links ab an einem großen Holzlagerplatz vorbei, bis dieser Weg auf die *Ladberger Straße* mündet.

Wir halten uns nun links und biegen dann rechts in den *Vortlager Damm* ab, der uns an das *Haus Vortlage* mit seinen Wassergräben vorbeiführt. Wir bleiben auf dieser Straße bis zur *Margarethen-Siedlung.* Dort biegen wir links und wenig später erneut links in die *Ringeler Straße* ab.

Auf ihr überqueren wir die »L 591« und gehen auf der Ringeler Straße weiter stadteinwärts. An einer Ampelkreuzung geht es über die *Ladberger Straße* hinweg weiter geradeaus bis zur *Münsterstraße,* in die wir rechts abbiegen. Auf ihr gehen wir so lange weiter, bis wir links durch ein Torhaus zurück zum Kirchplatz gelangen.

Zum Kronensee

21 Wellingholzhausen – Böhnen Mühle – Kronensee – Nolle – Wellingholzhausen

Verkehrsmöglichkeiten Bus nach Melle, Gesmold, Bissendorf, Osnabrück und Rothenfelde.
Parkmöglichkeiten Am Kirchplatz.
Wegmarkierungen Weiße »A 2«, weiße Raute mit Ahornblatt und Andreaskreuz.
Tourenlänge 13 Kilometer.
Wanderzeit 3½ Stunden.
Höhenunterschiede Insgesamt 169 Meter Steigung.
Wanderkarte 1:50000 L 3914 Bad Iburg.
Straßenkarte Generalkarte 1:200000, Blatt 6.
Anmerkung Von gleichem Standort können folgende Wanderungen gemacht werden: »A 1« Zum Beutling, 3,5 Kilometer (1 Std.); »A 2« Zum Hasesee, 6 Kilometer (1½ Std.).
Wissenswertes *Wellingholzhausen* ist eine alte Kleinstadt am Eingang zur Noller Schlucht.
Tourenbeschreibung Vom Kirchplatz aus gehen wir links auf dem *Ring* bis zur *Dissener Straße,* in die wir ebenfalls links abbiegen. Schräg gegenüber von der Kirche biegen wir rechts in die *Uhlandstraße* ab und kommen am Friedhof vorbei. Ab hier ist der Weg mit weißer »1« und »weißer Raute mit Ahornblatt« gekennzeichnet.

In Verlängerung der *Uhlandstraße* geht es auf einem Feldweg weiter, der in Höhe eines mit alten Bäumen umstandenen Kruzifixes auf die *Vessendorfer Straße* mündet. Hier geht es rechts weiter in die Talsenke hinein, über die *Hase* hinweg und sofort links ab in einen Feldweg, der an einer Schutzhütte und einem kleinen Teich vorbei bergauf führt.

Unmittelbar vor der *Böhnen-Mühle* biegt der Weg unter einer Hochspannungsleitung rechts ab auf eine Waldnase zu. Nach etwa 200 Metern führt er links an einer grünen Bank vorbei in den Wald hinein und mündet auf einen Wirtschaftsweg mit dem Namen *Greversheide*. Auf ihn biegen wir links ab und über die *Hase* hinweg und kommen an die *Dissener Straße* heran.

Hier gehen wir rechts weiter, passieren das *Sägewerk Hammerstein* mit dem Wanderparkplatz *Kronensee* und kommen am Gasthof »Waldfrieden« vorbei. Rechter Hand liegen einige Fischteiche. Etwa 100 Meter hinter dem Gasthof »Waidmannsruh« und dem grünen Ortsschild von Nolle geht es links in den Wald hinauf.

Nach einem kurzen Aufstieg erreichen wir einen breiten Forstweg, in den wir links abbiegen. Er ist unter anderem mit einem »roten Viereck mit blauer Wellenlinie« gekennzeichnet. Auf diesem Weg geht es an einen Bachgrund heran. Vor der Schutzhütte mit dem grünen Dach biegen wir links ab.

Dieser breite Forstweg, er ist wieder mit »Raute mit Ahornblatt« gekennzeichnet, mündet zunächst stumpf. Wir gehen 20

Meter nach links, überqueren nach rechts auf einem Holzsteg erneut die *Hase* und gehen rechts weiter am Bach entlang.

Wir kommen schließlich an einer kleinen Straße heraus und biegen rechts ab ins Tal, wo wir links auf dem *Haseweg* weitergehen. Wir haben nun erst einmal eine Steigung zu überwinden, hinter der unser Weg nach links abdreht und auf die bevorrechtigte *Hasestraße* (K 225) mündet.

Wir biegen links ab und halten uns bei der Hochspannungsleitung am Kruzifix links (Andreaskreuz und Ahornblatt), gehen durch ein Gehöft und biegen gleich dahinter rechts auf den Weg ab, der zum Beutling hinaufführt.

Wir erreichen eine Wegegabel, an der wir links dem »Andreaskreuz und Ahornblatt« folgen. Bald haben wir die Höhe mit dem Aussichtsturm überwunden und stehen kurz darauf am Gasthof *Beutling,* wo unser Weg stumpf mündet.

Wir biegen rechts ab und gehen links durch die *Beutling-Allee* talwärts, die dann im Ort *Wellingholzhausen* auf die *Dissener Straße* stößt. Hier biegen wir nun rechts ab und kehren zum Parkplatz an der Kirche zurück.

Bis Achter de Welt

22 Bad Iburg – Am Urberg – Parkplatz »Grafensundern« – Achter de Welt – Parkplatz »Grafensundern« – Bad Iburg

Verkehrsmöglichkeiten Bus Osnabrück, Hagen T.W.
Parkmöglichkeiten Parkplatz an der Philipp-Sigismund-Allee nahe dem Kurhaus.
Wegmarkierungen Weißer Punkt und gelber Doppelstrich vom Amtsweg bis zur Wirtschaft am Urberge, gelber Strich von der Wirtschaft bis zum Wanderparkplatz Grafensundern, links auf der Straße weiter und in die Straße Achter de Welt bis zum Hof Wellenbrock, von hier »0« und »3« auf kleinen Metallschildern bis zum Grafensundern, dann weißer Kreis bis zum Karlsplatz, von hier blau-weißer Doppelstrich über den Parkplatz Grafensundern neben der Straße bergab bis Bad Iburg.
Tourenlänge Etwa 10 Kilometer.
Wanderzeit 2¾ Stunden.
Höhenunterschiede Insgesamt 196 Meter Steigung.
Wanderkarte 1:50000 L 3914 Bad Iburg.
Straßenkarte Generalkarte 1:200000, Blatt 6.

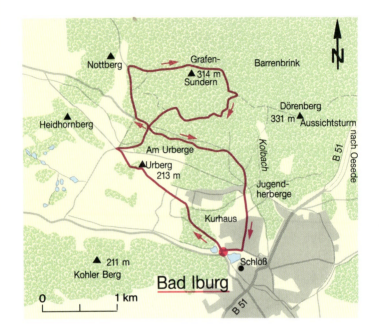

Wissenswertes In *Iburg* Schloß auf dem Burgberg (ehemaliges Benediktinerkloster, 1080), 600 Jahre Residenz der Osnabrükker Fürstbischöfe, perspektivische Deckenfresken, Klosterkirche, Grabmal des Bischof Benno (gestorben 1088), Uhrenmuseum.

Tourenbeschreibung Auf der *Philipp-Sigismund-Allee* führt die Tour in Richtung auf den Urberg zu. Es geht aus dem Wald heraus, durch offene Landschaft bergauf an einem Kruzifix vorbei bis zur Wirtschaft »Am Urberge«.

Hier geht es dem weißen Kreis und Ahornblatt nach rechts weiter durch den Wald bis zum Wanderparkplatz *Grafensundern*. Wir gehen bis an die Straße »L 96« heran, biegen links ab und dann rechts in *Achter de Welt*.

Hier führt der Weg bergauf an einer Bank vorbei durch den Wald bis an die ersten Häuser heran. Wir biegen an dem gelben Wegweiser rechts Richtung »Karlsberg« auf den Berg *Grafensundern* ab. Wir folgen der großen weißen »0« hinauf zum Sender der Bundespost, und von hier dann abwärts zum *Karlsplatz*.

Am *Karlsplatz* biegen wir rechts auf die Straße ab und gehen ein ganzes Stück ziemlich steil bergab. Wir kommen wieder an dem Parkplatz *Grafensundern* heraus, überqueren die Straße, biegen aber sofort links ab und folgen dem blau-weißen Doppelstrich talwärts, bis wir in Höhe der Sanatorien auf die *Hauptstraße* zurückkommen, auf der es rechts zum *Amtsweg* und dem Parkplatz zurückgeht.

Rund um die Hölle

23 Bad Laer – Vor dem Venne – Krummenteichswiesen – Westerwiede – Bad Laer

Verkehrsmöglichkeiten Bus nach Osnabrück, Bielefeld, Münster, Westerbevern, Telgte, Bad Iburg, Georgsmarienhütte.
Parkmöglichkeiten Am Solefreibad.
Wegmarkierungen Keine.
Tourenlänge 11 Kilometer.   **Wanderzeit** 3 Stunden.
Höhenunterschiede Unbedeutend.
Wanderkarte 1:50000 L 3914 Bad Iburg.
Straßenkarte Generalkarte 1:200000, Blatt 6.
Wissenswertes In *Bad Laer* neugotische Wehrkirche mit Wehrturm (10. Jh.), 851 erstmals als Lodere erwähnt. Wildgehege mit Damwild, alte Windmühle »Vennepohl«.
Tourenbeschreibung Vom Parkplatz gehen wir am Sportplatz vorbei auf der Straße *An der Badeanstalt* bis zum Ende des Sportplatzes weiter und biegen dann links ab. Diese Straße heißt dann *Auf der Wittenburg*.

Wir erreichen nun eine Straßengabel, wo wir in der bisherigen Richtung auf dem *Vennerring* weitergehen. Diese schnurgerade Straße führt auf ein Waldgebiet zu und unter einer Hochspannungsleitung hindurch. Sie knickt dann rechts ab und ist mit »X« gekennzeichnet.

Wir überqueren nun den Remsederbach, unterqueren erneut die Hochspannungsleitung, passieren eine Kreuzung und bewegen uns auf dem *Donnerbrinksweg* auf den Wald zu. Wir überqueren noch einmal einen kleinen Bach, erreichen den Waldrand und biegen links ab dem »X« nach.

Die Straße, auf der wir uns nun befinden, heißt *Auf der Hölle*. Wir biegen nun rechts ab in Richtung Glane/Bad Iburg. Im Wald erreichen wir nun eine Abzweigung nach rechts. Es ist der *Visbecker Ring,* der mit weißem Ahornblatt gekennzeichnet ist.

Hinter einem kanalisierten Bach mündet unsere Straße stumpf. Wir biegen jetzt links ab auf das Waldstück zu. Die

Straße, auf der wir uns befinden, heißt wieder *Auf der Hölle*, auf der wir an einem Baggersee vorbeikommen.

Wir kommen nun wieder an einen Waldrand heran, an dem die Straße vorbeiführt und mit Ahornblatt gekennzeichnet ist. Wir überqueren erneut den Remsederbach und biegen hinter dem Bach links ab in *Fockellau*.

Die Straße gabelt sich, wir bleiben auf der *Fockellau* nach rechts. In Höhe eines größeren Fachwerkhaus-Anwesens heißt die Straße dann *Linnenkamp*. Sie knickt dann halblinks ab und dem Ahornblatt nach. Und so haben wir schon die Richtung auf die Kirche von Bad Laer.

In *Bad Laer* biegen wir rechts ab auf die Hauptstraße, kommen an der Feuerwache vorbei und biegen dann rechts in die *Bielefelder Straße* ab, die schon nach wenigen Metern in die *Glandorfer Straße* übergeht. Hier folgen wir der Ausschilderung zum Solefreibad und damit zurück zum Parkplatz.

Über die Timmer Egge

24 Dissen – Erpen – Timmern – Nolle – Dissen

Verkehrsmöglichkeiten Bus Osnabrtück, Bielefeld, Münster und Melle und Bahn nach Osnabrück und Bielefeld.
Parkmöglichkeiten An der Straße Am Noller Bach bei den Sportanlagen.
Wegmarkierungen Vom Hauptweg auf der Timmer Egge bis zur Noller Schlucht weiße Raute mit Ahornblatt.
Tourenlänge Etwa 10 Kilometer.
Wanderzeit 2¾ Stunden.
Höhenunterschiede Insgesamt 104 Meter Steigung.
Wanderkarte 1:50000 L 3914 Bad Iburg.
Straßenkarte Generalkarte 1:200000, Blatt 6.
Wissenswertes Die St.-Mauritius-Kirche in Dissen stammt aus dem 12./13. Jahrhundert. Rathaus mit Grundmauern aus der Zeit Karls des Großen.

Tourenbeschreibung Vom Parkplatz aus gehen wir (mit dem Rücken zu den Sportplätzen stehend) links auf der Straße bis zur Brücke über den *Noller Bach*. Hier biegen wir nun links ab, bis der Weg neben dem Bach auf die *Dieckmannstraße* stößt, auf der wir weiter geradeaus bis zur *Großen Straße* gehen.

Das ist die B 68, auf der es nun rechts bis zur *Bahnhofstraße* weitergeht, in die wir links Richtung Bad Rothenfelde abbiegen. Hinter der Margarinefabrik biegen wir rechts in die *Mellerstraße* und vor der Kirche in den *Erpener Weg* nach links ab.

Die Straße geht über den *Donneresch* und führt vorbei an »Schulte in Bäumen«. Kurz vor dem Bahngleis biegen wir rechts ab in den *Wiesengrund,* der uns an die B 68 zurückbringt. Wir biegen links und hinter dem zweiten Ortsschild von *Erpen* und der Bushaltestelle rechts in den *Wiebuschweg* ab.

Er mündet stumpf und wir gehen links weiter. An einer weißen Bank geht es nun rechts steil zum Wald hinauf und auch hinein. Dort, wo hinter einer Rechtskurve an einer weißen Bank rechts ein schmaler Waldpfad abzweigt, geht es nun langsam auf die *Timmer Egge* zu.

Bei diesem Weg handelt es sich manchmal um nicht mehr als einen Trampelpfad, der aber doch von Zeit zu Zeit mit der »weißen Raute mit Ahornblatt« gekennzeichnet ist. Er führt über den Kamm und senkt sich dann zur *Noller Schlucht* stark ab.

Er mündet an einem Weidezaun, an dem es hinunter auf einen Fahrweg geht. Wir biegen rechts ab bis zur Straße von

Zu Tour 25 **Bei Kemmer** (Foto: Günter R. E. Richter)

Wellingholzhausen/Dissen, gehen erneut rechts etwa 500 Meter auf dieser Straße weiter und biegen dann links hinter dem *Heimathof* auf die Straße *Norte* in den Ortsteil *Nolle* ab.

Wir kommen von Norden an Dissen heran. Man kann schon die Flutlichtanlage der Sportplätze erkennen. Die *Norte* mündet stumpf und wir biegen rechts in die Straße *Am Noller Bach* ab, wo wir nach wenigen Metern unseren Parkplatz erreichen.

Zur Stockheimer Mühle

25 Bockhorst – Rattenholl – Kemner – Stockheimer Mühle – Hengelage – Bockhorst

Verkehrsmöglichkeiten Bus nach Borgholzhausen, Versmold und Halle.
Parkmöglichkeiten Parkplatz an der »Alten Schänke«.
Wegmarkierungen Keine.
Tourenlänge 10 Kilometer. **Wanderzeit** 2½ Stunden.
Höhenunterschiede Insgesamt 11 Meter Steigung.
Wanderkarte 1:50000 L 3914 Bad Iburg.
Straßenkarte Generalkarte 1:200000, Blatt 6.
Anmerkung Da keine Wegekennzeichnung vorhanden ist, sind im nachfolgenden Text topographische Punkte und Bezeichnungen aus der Karte 1:50000 in Klammern eingefügt.
Tourenbeschreibung Wir gehen um das Kirchengelände herum und biegen rechts in den *Eschkamp* ein. Hinter dem Fabrikgelände am Ende der Hecke geht es rechts weiter. Wir kommen am Hof Bögemeier vorbei und über den *Bruchbach* hinweg.

Wir gehen links und gleich wieder rechts durch den Hof Rattenholl, erreichen die B 476 und gehen links und nach knapp 100 Metern rechts am Waldrand vorbei auf *Kemner* zu. Gleich hinter dem Hof geht es rechts bis zu einer Buschreihe weiter, hinter der wir uns links halten. – Wir erreichen nun eine Straße, wo gegenüber ein Haus mit einer Sirene auf dem Dach steht. Wir biegen hier rechts ab und halten uns am nächsten Gehöft links in den *Wischkamp*. Es geht über eine Kreuzung (Punkt 76) und den *Bruchbach* hinweg bis an eine querverlaufende Straße heran. – Wir biegen links ab und gehen rechts auf dem *Leimweg* weiter. Geradeaus kommen wir (kurz hinter Punkt 77) an die B 476 heran und wandern gegenüber auf der *Stockheimer Straße* weiter. An der Stockheimer Mühle vorbei nach *Loxten*.

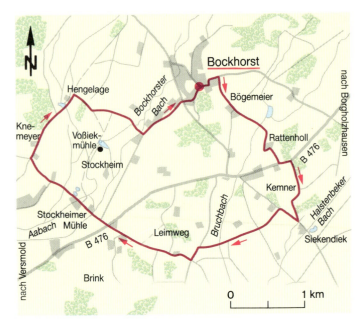

Wir bleiben weiter auf der *Stockheimer Straße* und biegen an der nächsten Wegkreuzung rechts ab. Wir behalten diese Richtung bei, bis der Weg einen scharfen Knick (Punkt 78) nach rechts macht und die Straße nun *Nordgrenze* heißt.

Wir überqueren die bevorrechtigte *Dissener Straße,* gehen geradeaus auf dem *Bockhorster Landweg* weiter bis zur *Dorfstraße,* in die wir links abbiegen und zum Parkplatz zurückkehren.

Über die Große Egge

26 Halle – Große Egge – Halle

Verkehrsmöglichkeiten Bahn nach Bielefeld, Bus nach Bielefeld, Münster, Werther, Spenge, Versmold, Peckeloh.
Parkmöglichkeiten Nördlich von Halle Wanderparkplatz Grünenwalde an der Straße Halle – Werther.
Wegmarkierungen »H 5« und »H« vom Ausgangsort bis an den Kammweg unterhalb der Großen Egge, von der Schutzhütte am Osthang der Großen Egge bis zum Ausgangsort.

Tourenlänge 6 Kilometer.
Wanderzeit Etwa 2 Stunden.
Höhenunterschiede Insgesamt 172 Meter Steigung.
Wanderkarte 1:50000 L 3916 Bielefeld.
Straßenkarte Generalkarte 1:200000, Blätter 6 und 9.
Wissenswertes *Halles* Pfarrkirche St. Johannes stammt aus der Mitte 13. Jahrhundert. Malerischer Kirchplatz.
Tourenbeschreibung Von unserem Parkplatz wenden wir uns links auf den Ort Halle zu und biegen vor der Unterführung rechts ab in die *Hohlstraße*. Sie führt unter einer Hochspannungsleitung auf eine kleine Gehöftgruppe zu und rechts daran vorbei ziemlich steil bergan.

Die schmale Straße mündet stumpf. Geradeaus verläuft ein Trampelpfad weiter auf den Waldrand mit einer roten Bank zu. Hier steigen wir noch etwa 30 Meter geradeaus durch den Wald auf und stoßen auf einen breiten ausgebauten Waldweg. Hier gehen wir links und an der ersten Wegegabel rechts weiter.

Dieser Weg zieht sich noch ein ganzes Stück bergan, fällt dann aber bis zu einer Wegekreuzung. Wir biegen hier an dem Schild »Lehrpfad zum Waldsterben« rechts ab. Nach 100 Metern gabelt sich der Weg erneut. Wir bleiben auf dem linken, der auf halber Höhe des Hanges weiterführt.

Dort, wo sich der Wald lichtet, gibt er den Blick auf einen großen Steinbruch linker Hand frei. Plötzlich macht der Weg eine Rechtskehre und steigt über knapp zwei Kilometer zur *Großen Egge* hinauf. Wir kommen am *Sendemast* vorbei und gehen dann den Kammweg weiter bergab.

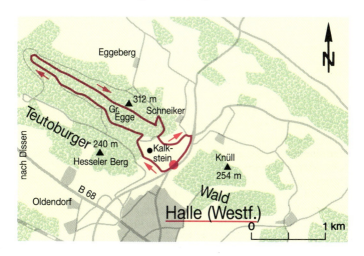

Zu Tour 26 **Die Große Egge bei Halle i. W.** (Foto: Günter R. E. Richter)

Vor einem Steinbruch biegt der Weg links und wenig später rechts ab. Wir erreichen eine Schutzhütte, gehen links an ihr weiter bergab zwischen einigen Häusern hindurch. Die schmale Straße macht in Höhe einer Hochspannungsleitung eine scharfe Rechtskurve und mündet auf eine Sackgasse. Wir gehen rechts weiter zum Ausgangspunkt zurück.

Durch die Künsebecker Heide

27 Künsebeck – Vemmer – Gartnisch – Künsebeck

Verkehrsmöglichkeiten Bahn nach Bielefeld, Osnabrück, Bus nach Künsebeck, Bielefeld.
Parkmöglichkeiten Hauptstaße, Ecke Talstraße, Bahnhofsnähe.
Wegmarkierungen Keine.
Tourenlänge Etwa 11 Kilometer. **Wanderzeit** 2¾ Stunden.
Höhenunterschiede Insgesamt 87 Meter Steigung.
Wanderkarte 1:50000 L 3916 Bielefeld.
Straßenkarte Generalkarte 1:200000, Blatt 9.
Anmerkung Da keine Wegekennzeichnung vorhanden ist, sind im nachfolgenden Text topographische Punkte und Bezeichnungen aus der Karte 1:50000 in Klammern eingefügt.

Tourenbeschreibung Wir überqueren sofort die Eisenbahnlinie auf der *Hauptstraße,* die anschließend in die *Teutoburger Straße* übergeht. Wir biegen rechts ab und befinden uns immer noch auf der Teutoburger Straße.

Wir erreichen dann die *Flurstraße,* halten uns rechts und nach 10 Metern links am Bauernhaus vorbei auf eine geschotterte Straße. Hinter den ersten Häusern mündet der Weg stumpf. Wir biegen rechts ab und befinden uns parallel zur Straße Künsebeck – Sandforth.

In Höhe des Baumes auf der rechten Straßenseite mit dem Schild »zum Landweg 12« geht es rechts auf einem Feldweg weiter, der wiederum auf eine Straße stößt. Wir gehen links weiter und biegen nach etwa 50 Metern in die erste Straße rechts ab.

Nach einem Linksknick mündet diese Straße stumpf. Wir gehen rechts weiter am »Pappelkrug« vorbei bis zur *Tatenhauser Straße,* an der ein Stoppschild (Punkt 100) steht. Wir halten uns links bis zum Waldrand, wo wir vor dem Schild »Ende 70 km/h-Begrenzung« rechts in den Wald abbiegen.

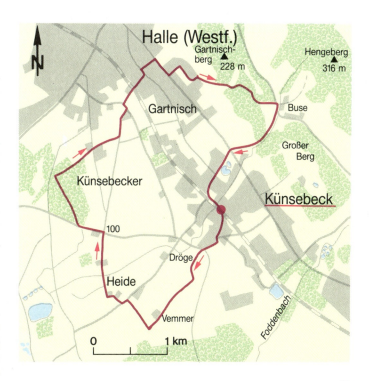

Zu Tour 26 **Am Ortsrand von Halle** (Foto: Günter R. E. Richter)

Der Weg führt durch den Wald zu einer großen Wegespinne (Punkt 100). Wir biegen scharf rechts ab wieder in den Wald hinein, überqueren den *Maschweg* und gehen links auf der *Wiesenstraße* weiter. Sie stößt auf den *Künsebecker Weg,* auf dem wir etwa 50 Meter links bis zur *Schloerstraße* weitergehen.

Wir biegen rechts in diese Straße ab, überqueren die Bahnlinie und stoßen schließlich auf die *Gartnischer Straße,* auf der es links bis zur *Friedhofsstraße* weitergeht. Auf ihr gelangen wir auf die *Bielefelder Straße,* halten uns rechts und biegen erst auf der *Elsa-Brandström-Straße* links auf den Hang ab.

Auf der *Sauerbruchstraße* geht es links weiter. Hinter den letzten Häusern halten wir uns rechts zum Berg hinauf, wo eine rote Bank steht. Es geht am Waldrand nach rechts weiter, unter einer Hochspannungsleitung hindurch auf den nächsten Waldrand zu.

Hier führt ein gerade noch erkennbarer Weg halblinks in eine Senke, dreht dann rechts ab und steigt dann steil zu einer eingezäunten Wiese wieder auf. Vom Waldrand an ist der Weg nun beiderseits eingezäunt, fällt stark ab und mündet auf den *Hengeberg.*

Wir halten uns nun rechts, gehen auf der *Teichstraße* an Fischteichen vorbei, bis wir nach kurzer Zeit auf die *Bielefelder Straße* stoßen. Wir überqueren sie und gehen auf der *Kreisstraße* weiter bis zur *Talstraße,* auf der wir unseren Parkplatz erreichen.

Parallel zum Hermannsweg

28 Werther – Kirchdornberg – Bergfrieden – Werther

Verkehrsmöglichkeiten Bus nach Halle, Versmold, Spenge, Gütersloh, Wiedenbrück.
Parkmöglichkeiten Beim Freibad an der Ecke Meyerfeld/Teutoburger-Wald-Weg.
Wegmarkierungen »X 25« vom Ausgangsort bis Kirchdornberg, weiße »Raute mit Eichblatt« vom Pumpwerk am Kamm bis Werther.
Tourenlänge Etwa 9 Kilometer.
Wanderzeit 2¼ Stunden.
Höhenunterschiede Insgesamt 149 Meter Steigung.
Wanderkarte 1:50000 L 3916 Bielefeld.
Straßenkarte Generalkarte 1:200000, Blatt 9.
Tourenbeschreibung Vom Parkplatz gehen wir in Richtung *Bielefelder Straße,* dort biegen wir rechts ab und halten uns 200 Meter hinter der ARAL-Tankstelle rechts in die Straße *Am Blotenberg.* Hier muß zunächst eine Steigung überwunden werden.

Wir erreichen dann hinter dem *Wasserwerk Werther* eine Straße und gehen rechts erneut bergauf. Gleich darauf führt links die Straße *Auf dem Klei* wieder parallel zur *Bielefelder Straße*. Nach gut 300 Metern knickt die Straße rechts ab.

Wir gehen an dieser Stelle auf dem Feldweg weiter geradeaus und ändern damit die bisher eingeschlagene Richtung nicht. Hinter einer kleinen Querstraße gehen wir auf ein Gehöft zu, biegen jedoch kurz davor rechts ab. Dieser Weg schlängelt sich über Wiesen, durch den Wald, an Feldrändern vorbei und knickt dann vor einer Bank rechts ab hinunter zu einer Straße in *Kirchdornberg*.

Wir kommen genau an der Friedhofskapelle heraus, wenden uns links und benutzen nach wenigen Metern rechts einen Fußweg, der zur Kirche hinüberführt. Dort am Parkplatz halten wir uns erneut rechts in die Straße *Am Petersberg,* die am Kindergarten vorbei weiter auf den Berg hinaufführt.

Nach einem kräftigen Anstieg erreichen wir neben einer Pumpstation einen Waldweg, dem wir rechts folgen. Dieser eindeutig (weiße Raute 10) gekennzeichnete Weg führt lange Strecken durch den Wald, am *Bergfrieden* vorbei, und kaum 50 Meter dahinter wieder in den Wald hinein.

Ein kurzes Stück auf asphaltierter Straße weiter, an einem Bauernhof vorbei, bis die Straße in einer Rechtskurve abdreht. Von hier nun immer auf einem Waldweg unterhalb des Kammes lang. In Höhe der Arminius-Quelle rechts bergab.

Dieser Weg führt an einem kleinen Bauernhaus vorbei und geht in die Straße *Am Hang* über. Wir biegen rechts ab, erreichen den Sportplatz und wenig später den Ausgangspunkt.

Zwischen Künsebeck und Steinhagen

29 Steinhagen – Gut Patthorst – Niederschabbehardt – Steinhagen

Verkehrsmöglichkeiten Bahn nach Bielefeld, Bus nach Bielefeld, Versmold, Halle.
Parkmöglichkeiten Unweit der Kirche an der Bahnhofstraße (Ausfallstraße nach Gütersloh).
Wegmarkierungen Keine.
Tourenlänge 11 Kilometer.
Wanderzeit Etwa 3 Stunden.
Höhenunterschiede Insgesamt 20 Meter Steigung.

Wanderkarte 1:50 000 L 3916 Bielefeld.
Straßenkarte Generalkarte 1:200 000, Blatt 9.
Anmerkung Da keine Wegekennzeichnung vorhanden ist, sind im nachfolgenden Text topographische Punkte und Bezeichnungen aus der Karte 1:50 000 in Klammern eingefügt.
Wissenswertes *Steinhagen* Ursprungsort des Wacholderschnapses gleichen Namens, Gut Patthorst Wasserschloß aus 18. Jahrhundert. Ortskern westfälisches Runddorf.
Tourenbeschreibung Wir schlagen auf der *Bahnhofstraße* die Richtung Gütersloh ein, biegen dann rechts in den *Hilterweg* ab, bis wir auf ihm (Punkt 101) die *Patthorster Straße* erreichen. Hier geht es links weiter und nach etwa 300 Metern erneut links in einen ziemlich geraden Waldweg hinein.

Kurz hinter den beiden restaurierten Bauernhäusern rechter Hand biegen wir an dem Wegekreuz rechts ab, überqueren eine Straße, kurz darauf den *Foddenbach* und stehen auf der *Patthorster Straße*. Wir biegen links und gegenüber von der *Schloßstraße* rechts (Naturdenkmal) in den *Waldwinkel* ab.

Genau vor dem Wald geht es rechts am *Waldhaus Patthorst* vorbei und gleich dahinter erneut rechts weiter. Wir sind immer noch im *Waldwinkel,* der stumpf auf den *Schierenweg* mündet.

Es geht links weiter, erneut durch den Wald und wenige 100 Meter danach rechts an einer kleinen Birkengruppe auf einer Schotterstraße weiter.

Kurz vor der Siedlung linker Hand (Punkt 113) heißt unsere Straße jetzt *Schnatweg*. Wir bleiben auf ihm bis kurz vor der Bahnüberführung. Gegenüber der *Turnerstraße* biegen wir rechts ab, an einem größeren Teich vorbei und in den Bachgrund des *Foddenbaches* hinein.

Jetzt erreichen wir einen kleinen verlandeten Teich, halten uns gleich darauf rechts durch den Hof Niederschabbehardt und weiter parallel zum Bach an den Fischteichen vorbei. Der Weg mündet auf eine nicht ausgebaute Straße.

Wir gehen links auf ihr weiter (Punkt 109), bis sie in den *Hilterweg* übergeht. An der *Patthorster Straße* biegen wir links ab, kommen an die *Bahnhofstraße* und rechts durch den Ort zurück zum Parkplatz.

Rund um die Hünenburg

30 Johannisberg (Bielefeld) – Olderdissen – Einschlingen – Kreiensieksheide – Ochsenberg – Johannisberg

Verkehrsmöglichkeiten Bahn nach Hamm, Detmold, Paderborn, Hannover, Bremen, Köln mit Fernanschlüssen, Bus nähere und weitere Umgebung. Bus und Straßenbahn im Stadtverkehr.
Parkmöglichkeiten Johannisberg und Olderdissen.
Wegmarkierungen »H« und »X 19« vom Johannisberg bis Olderdissen, von hier »Raute 4« und »X 19« bis Einschlingen, »Raute 4« weiter bis Peter auf'm Berge, von hier »Raute 2« über Kreiensieksheide, Poetenweg bis Johannisberg.
Tourenlänge 12,5 Kilometer.
Wanderzeit Etwa 3 Stunden.
Höhenunterschiede Insgesamt 140 Meter Steigung.
Wanderkarte 1:50000 L 3916 Bielefeld.
Straßenkarte Generalkarte 1:200000, Blatt 9.
Anmerkung Im Tierpark Olderdissen beginnt ein Lehrpfad.
Wissenswertes 1214 wurde *Bielefeld* zur Stadt erhoben (Graf Hermann von Ravensberg), im 30jährigen Krieg von Truppen heimgesucht. Sparrenburg 13.–16. Jahrhundert, Crüwelhaus

(1530), Rudolph-Oetker-Halle, Anstalt Bethel (1872 von Fr. v. Bodelschwingh gegründet), Kunsthalle, kulturhistorisches Museum, Bauernhausmuseum, Naturkunde-Museum, Tierpark Olderdissen.

Tourenbeschreibung Vom Parkplatz am *Johannisberg* halten wir uns links auf die *Dornberger Straße* und biegen den ersten Fußgängerweg links ins Tal ab, wo wir an den Stauweiher kommen. Wir überqueren die Straße, gehen links am Teich vorbei und an der Wegegabel auf dem rechten Weg weiter.

Wir kommen an der Gastwirtschaft vorbei nun zu den ersten Gehegen des Tierparks *Olderdissen*. Vom nächsten Teich an steigt unser Weg bergan. Auf der Anhöhe gehen wir halbrechts auf dem mit »X 19« und »A 2« gekennzeichneten Weg weiter, der in weitausholenden Kurven an das Kruzifix im *Jostberg* heranführt.

Hier biegen wir rechts ab. Es geht talwärts nach *Einschlingen*. Kurz darauf führt rechter Hand an einem weißen Fachwerkhaus ein mit Holzbalken abgesperrter Weg auf den Waldrand zu. Er knickt erst links und schon nach wenigen Metern nach rechts ab.

Hier müssen wir schon nach wenigen Metern scharf links auf den mit »Raute 4« gekennzeichneten Weg abbiegen, der fast

Zu Tour 30 **Bielefeld, Alter Markt** (Foto: Bielefeld Marketing)

parallel zur B 68 weiterführt und schließlich in *Buschkamp* die Straße kreuzt, die zur Hünenburg hinaufführt.

Hier gehen wir auf ein paar Häuser zu und folgen dem »Drei-Sparren-Kennzeichen«. Dieser Weg führt ein kleines Stück am Waldrand entlang und mündet auf eine kleine Straße. Wir biegen rechts auf sie ein und gehen unterhalb einer Hochspannungsleitung vor dem grünen Tor eines Privatweges links am Waldrand um eine Bergnase herum.

Wir kommen schließlich am Hotel *Quellental* heraus und gehen geradeaus auf die Wandertafel zu. Dahinter steigen wir auf dem mit »A 7« gekennzeichneten Weg steil den Berg hinauf und erreichen schließlich auf der Anhöhe das Hotel *Peter auf'm Berge*.

Dort überschreiten wir die Straße zum Parkplatz hin, wo wir uns scharf rechts halten, bis wir an die Rückseite der Verkehrsbake kommen, an der ein schmaler mit »weißer Raute 2« gekennzeichneter Weg zunächst über ein paar Stufen talwärts führt.

Auf diesem Weg geht es nun ständig bergab und am Golfplatz vorbei. Wir ändern unsere Richtung nicht, kommen an die bevorrechtigte *Dornberger Straße,* die wir überqueren. Wir gehen weiter bis zur *Kreiensieksheide,* biegen dort rechts ab und halten uns am Ende der Straße links.

Bei der ersten Laterne führt rechts ein ganz schmaler Weg an einen kleinen Bach heran. Er mündet schließlich in eine geteerte Straße, auf die wir rechts abbiegen. Als »Poetenweg« führt sie nun am Südhang von *Stecklenbrink* und *Ochsenberg* überwiegend durch Wald zurück zum *Johannisberg*.

Zum Bunten Haus

31 Sennestadt – Wrachtruper Lohden – Buntes Haus – Sennestadt

Verkehrsmöglichkeiten Bus nach Bielefeld, Paderborn und Gütersloh.
Parkmöglichkeiten Parkplatz am Ramsbrockring, schräg gegenüber der Friedhofskapelle.
Wegmarkierungen »A 6« vom Waldrand im Norden der Stadt bis Querweg an Höhe 194, von hier »Raute 5« bis 600 Meter hinter Markengrund, von hier »weißer Haken« bis Sennestadt.
Tourenlänge 10 Kilometer.
Wanderzeit 2½ Stunden.
Höhenunterschiede Insgesamt 175 Meter Steigung.
Wanderkarte 1:50000 L 4116 Gütersloh.
Straßenkarte Generalkarte 1:200000, Blatt 9.
Tourenbeschreibung Vom Parkplatz am *Ramsbrockring* gehen wir links heraus. Dort, wo die Straße mit rot-weißen Richtungsbaken für den Autoverkehr gesperrt ist, gehen wir geradeaus auf dem *Netzeweg* am Restaurant *Wald-Eck* vorbei und weiter am Ortsrand entlang.

In Höhe des *Huckepackweges* knickt der *Netzeweg* nach links ab und mündet auf die Straße *Am Stadion,* auf die wir rechts abbiegen. Nach einem weiten Linksbogen erreichen wir die *Elbeallee,* auf der wir rechts bis zum Wald hinaufgehen.

Auf der gegenüberliegenden Straßenseite geht es nun in der bisherigen Richtung auf einem Waldweg weiter bergauf. Sobald dieser Weg dann stumpf mündet, biegen wir rechts auf einen breiten, sandigen mit »Raute 5« gekennzeichneten Weg ab.

Wir erreichen den *Markengrund,* durch den eine Hochspannungsleitung führt. Wir gehen auch hier geradeaus weiter und biegen nach etwa 600 Metern hinter einem eingezäunten Grundstück rechts ab. Es geht abwärts bis zu einer Wegegabel (am Baum »weiße Raute 5« und »weißer Haken«), an der es erneut rechts weitergeht.

Wir kommen nun durch ein Gebiet mit hölzernen Wochenendhäusern. In Höhe der Hochspannungsleitung erreichen wir

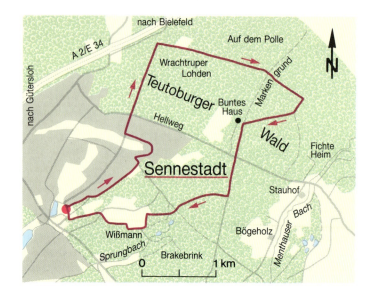

im *Markengrund* die Schule der ÖTV (Buntes Haus), wo wir links abbiegen, eine Straße überqueren und immer noch im *Markengrund* weitergehen.

An der Notrufsäule biegen wir rechts ab, überqueren zwei Waldwege, kommen an einem Kleingartengelände heraus. Wir gehen geradeaus weiter zwischen Kleingärten hindurch. Der Weg knickt links ab und führt auf einen Waldweg, in den wir rechts abbiegen.

Schon nach wenigen Metern liegt rechter Hand eine Weide, an deren Ende wir rechts zu den weißen Häusern hinübergehen, und diesen Weg nicht mehr verlassen, bis er auf den mit »weißen Haken« gekennzeichneten Weg stößt.

Wir halten uns nun links, folgen weiter der eben genannten Wegmarkierung, bis unser Weg nach einem Rechtsknick fast genau gegenüber von unserem Parkplatz mündet.

32 Schloß Holte – Mühlengrund – Öster Ebbinghausen – Kammertöns

Verkehrsmöglichkeiten Bahn nach Bielefeld und Paderborn, Bus nach Gütersloh und Bielefeld.
Parkmöglichkeiten In unmittelbarer Schloßnähe.
Wegmarkierungen Auf der Verler Landstraße »A 8«, 9, 10 und 12, auf dem Weg im Holter Wald in Richtung Schloß »A 13« und »Rhombus mit Eichenblatt«.
Tourenlänge 11 Kilometer.   **Wanderzeit** 2¾ Stunden.
Höhenunterschiede Insgesamt 10 Meter Steigung.
Wanderkarte 1:50000 L 4116 Gütersloh.
Straßenkarte Generalkarte 1:200000, Blatt 9.
Wissenswertes Wasserburg Schloß Holte, Neubau 1616–1664.
Tourenbeschreibung Vom Parkplatz an der Straße *Am Schloß* gehen wir (mit Rücken zum Schloß stehend) nach rechts zur Hauptstraße. Hier biegen wir links ab und bleiben auf der Straße bis zum Kosmetik-Institut, wo wir auf der *Verler Landstraße* weiter geradeaus gehen.

Der Weg führt in den Wald hinein und ist mit »A 8«, »9«, »10« und »12« gekennzeichnet. Linker Hand fließt der Ölbach,

Zu Tour 32 **Schloß Holte**   (Foto: Günter R. E. Richter)

dem wir eine ganze Strecke geradeaus durch den Wald folgen. Hinter der ersten Wegekreuzung im Wald sind nur noch die Kennzeichen »A 8«, »9« und »12« vorhanden.

Es bleiben dann an der nächsten Kreuzung nur noch die Zeichen »A 8« und »12« übrig. Wir nähern uns nun dem Waldrand, wo rechts eine Trinkwasser-Gewinnungsanlage steht. Wir unterqueren gleich darauf eine Hochspannungsleitung und nähern uns dem *Mühlgrund*.

Gleich hinter den letzten Häusern biegen wir rechts in die *Erich-Wald-Allee* ab, die sehr bald links abknickt und an eingezäunten Wiesen vorbeiführt. Wir erreichen nun eine Querstraße, in die wir rechts abbiegen. Sie ist von Schlaglöchern übersät und macht einen großen Linksbogen.

Wir erreichen schließlich eine kleine Kreuzung und biegen rechts ab, wo am Baum ein kleiner »gelber Tannenbaum mit einer 4« befestigt ist. Wir kommen an einem roten Fachwerkhaus vorbei und erreichen auf unserem wenig befestigten Weg eine Straße, auf der wir rechts weitergehen.

Unsere Straße knickt dann vor einem mit rot-weißem Balken gesperrten Feldweg nach links ab und führt auf ein Gehöft zu. Hier biegen wir rechts ab und befinden uns nun auf einem Feldweg, der nach knapp 100 Metern unter einer Hochspannungsleitung hindurchführt.

Vor dem Hof *Kammertöns* kommen wir zweimal über einen Bach hinweg und gehen auf einem asphaltierten Wirtschaftsweg weiter, der an einer Waldnase vorbei eine große Linkskurve beschreibt. An der linken Straßenseite steht dann ein Hof mit heller Klinkerung.

Genau gegenüber führt uns dann ein Feldweg an einem rotgeklinkerten Haus vorbei an eine kleine Straße heran, auf die wir rechts abbiegen. Unmittelbar rechts neben der Straße, die mit »A 13« gekennzeichnet ist, fließt ein kleiner Bach.

Auch diese Straße knickt dann nach links ab, führt am Waldrand und einzelnen Häusern vorbei zu einem Findling rechts an der Straße. Wir folgen der Kennzeichnung »A 13« und »Raute mit Eichenblatt« nach rechts. Der schmale Weg führt über eine Brücke hinweg in den Wald hinein.

Wir erreichen dann einen befestigten Waldweg und biegen links ab. Nach einem leichten Linksbogen stoßen wir auf eine Kreuzung, biegen rechts ab und folgen hier wieder der »Raute mit Eichenblatt«.

Wir überqueren noch einmal ein kleines Bächlein und kommen an einer Gehöftgruppe heraus, die am *Forstweg* liegt. Er mündet stumpf auf die Straße, die wir zu Beginn der Tour benutzt haben. Wir biegen links ab und erreichen nach rechts den Parkplatz am Schloß.

Am Menkhauser Bach

33 Barthold's Krug – Menkhauser Bach – Haus Neuland – Barthold's Krug

Verkehrsmöglichkeiten Von Lipperreihe Bus nach Oerlinghausen und Bielefeld, zum Wanderparkplatz nur mit Pkw.
Parkmöglichkeiten Wanderparkplatz Barthold's Krug (von der Holterstraße, Verbindung zwischen Schloß Holte und Oerlinghausen, liegt der Parkplatz an der Straße nach Sennestadt).
Wegmarkierungen Weißes volles Viereck von Barthold's Krug bis Schonung im Wald hinter der Schutzhütte, weißer Doppelstrich von Schopketal bis Brandsheide.
Tourenlänge 7 Kilometer.
Wanderzeit 2 Stunden.
Höhenunterschiede Insgesamt 52 Meter Steigung.
Wanderkarte 1:50000 L 4116 Gütersloh.
Straßenkarte Generalkarte 1:200000, Blatt 9.

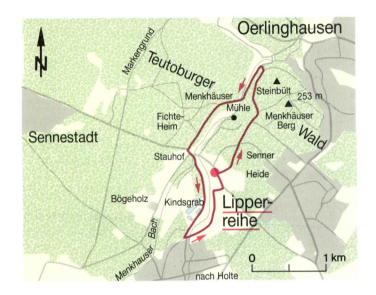

Tourenbeschreibung Vom Parkplatz geht es durch einen kleinen Eichenhain auf breitem Sandweg auf den Wald zu. Nach etwa 150 Metern biegen wir links ab und steigen zwischen kleinen Ferienhäusern eine Anhöhe hinauf.

Durch das Ferienwohngebiet hindurch überqueren wir eine Schotterstraße, gehen weiter an der Schutzhütte vorbei und stehen nach knapp 200 Metern an einer Schonung, an der wir links (am Baum Schild »Reiten verboten«) weitergehen.

Wir bleiben auf diesem Weg, bis wir den *Menkhauser Bach* an der Waldgaststätte »Schopketal« erreichen. Wir biegen links ab, wandern ein gutes Stück neben dem Bach (Kennzeichen »weißer Doppelstrich«). – An der nächsten Häusergruppe überqueren wir den Bach, steigen ein bißchen bergan und kommen nun durch ein Waldstück (weißer Doppelstrich), bis wir in Höhe von *Haus Neuland* auf einer Straße weitergehen können.

Im Tal erreichen wir erneut eine Straße, biegen links ab, überqueren den *Menkhauser Bach* und halten uns dann rechts in die *Bachstraße* hinein. Wir gehen links auf dem mit »Raute 5« und »weißem Doppelstrich« gekennzeichneten Weg weiter.

Wir kommen auf diesem Weg an einem etwas tiefer liegenden kleinen See vorbei, bis wir die Straße *Brandsheide* erreichen. Wir biegen nun links und kurz darauf erneut links in die *Obere Reihe* ab, die auf eine Querstraße mündet, an der nach knapp 200 Metern links *Barthold's Krug* liegt.

Zum Sachsenlager

34 Oerlinghausen – Tönsberg – Sachsenlager – Im Welschen

Verkehrsmöglichkeiten Bus nach Bielefeld, Detmold und Bad Salzuflen.
Parkmöglichkeiten In der für Durchgangsverkehr gesperrten Stadt zahlreiche kleine Parkplätze, so an der Kirche und am Marktplatz.
Wegmarkierungen »H« von Tönsberg bis zur Querstraße südlich des Sachsenlagers, weißes, volles und auf der Spitze stehendes Dreieck von der ersten Kurve auf der Straße bis kurz vor Wanderparkplatz »Im Welschen«, weißer Punkt von Im Welschen Ecke Pipenbrink bis Piperweg, von hier »T« und Dreieck bis an die Stadt.
Tourenlänge 8 Kilometer.
Wanderzeit 2 Stunden.
Höhenunterschiede Insgesamt 132 Meter Steigung.
Wanderkarte 1:50000 L 4116 Gütersloh und L 4118 Detmold.
Straßenkarte Generalkarte 1:200000, Blatt 9.
Wissenswertes *Oerlinghausen* Stadtkirche (12. Jh.) mit Barockorgel. Freilichtmuseum, Germanengehöft. Erste Kirche entstand um 900, urkundlich erwähnt 1036, auf dem Kammweg Ringwall aus sächsisch-fränkischer Zeit. Ehrenmal des 145. Königsinfantrie-Regiments und Lönsgedenkstein.

(Foto: Ulrich Schnabel)

Tourenbeschreibung Vom Parkplatz an der Kirche gehen wir den mit »H« gekennzeichneten Weg sofort die Treppe zum Tönsberg hinauf, wo wir den an eine Mühle erinnernden Rundbau erreichen.

Von hier oben hat man einen herrlichen Blick Richtung Bielefeld und Lage im Norden und Gütersloh und die Senne im Süden. Wir gehen geradeaus auf dem Kammweg weiter, kommen am Berggasthof *Tönsberghöhe,* dann an einem Ehrenmal und später am *Lönsgedenkstein* vorbei.

Schließlich schlängelt sich der Weg durch das alte *Sachsenlager,* dessen Wälle noch gut zu erkennen sind. Ein Stückchen weiter können wir einen Abstecher zu der Ruine der *Hünenkapelle* machen. Neben den Kapellenresten steht ein großes Holzkreuz mit Inschrift.

Wir gehen zurück zum Hermannsweg, der jetzt starkes Gefälle aufweist. Er mündet schließlich in eine Querstraße, auf der wir rechts der Kennzeichnung »A 3« weiter talwärts folgen. In der ersten Kurve kommen wir an einen Waldweg, der rechts in Richtung auf das Bielefelder Naturfreundehaus und Oerlinghausen weiterführt.

Hier biegen wir rechts ab, halten uns jedoch an der kleinen Straße, an der rechts zum Naturfreundehaus ausgeschildert ist, nun links und erreichen den Wanderparkplatz *Im Welschen.* Auf der Straße *Welschenweg* rechts weiter bis zum *Pipenbrink.*

Hier geht es rechts steil bergauf und dann links in den *Piperweg* hinein. Dieser führt im Bogen um den Tönsberg herum. Unterhalb der Jugendherberge führt links ein schmaler Weg zum Teil über Stufen zurück zum Parkplatz an der Kirche.

Ein Stück Hermannsweg

35 Hörste – Hörster Bruch – Dörenschlucht – Gut Stapelage

Verkehrsmöglichkeiten   Bus nach Lage und Detmold.
Parkmöglichkeiten   Am Hörster Krug.
Wegmarkierungen   »X 10« von Hörste bis zur Dörenschlucht, »H« und Wolfsangel von Dörenschlucht bis Bienen-Schmidt.
Tourenlänge   8 Kilometer.   **Wanderzeit**   2 Stunden.
Höhenunterschiede   Insgesamt 99 Meter Steigung.
Wanderkarte   1:50000 L 4118 Detmold.
Straßenkarte   Generalkarte 1:200000, Blatt 9.
Wissenswertes   Kirche aus dem 11. Jh., Hünengräber und Landwehren.
Tourenbeschreibung   Von der Straße Richtung Pivitsheide biegen wir rechts ab in den *Hörster Bruch*, der gleich eine Linkskurve macht. Wir halten uns an der Feuerwache erneut rechts und biegen dann rechts in den *Dienstweg* ab, der weiter oben an den Wald heranführt.

Zu Tour 36 **Am Donoper Teich** (Foto: Günter R. E. Richter)

An der roten Bank gehen wir ein kurzes Stück geradeaus an Ferienhäusern vorbei durch den Wald, halten uns dann an der nächsten schmalen Straße, dem *Lohweg,* links, bis er auf eine Querstraße mündet, in die wir rechts abbiegen.

Sehr bald geht diese Straße in einen Waldweg über. Wir ändern unsere bisherige Richtung nicht und gehen abwärts parallel zur Dörenschlucht. Wir stoßen dann auf einen festen, mit »H« gekennzeichneten Weg und gehen rechts weiter.

So stoßen wir auf die Straße Hörste – Augustdorf, überqueren sie und gehen vor der Schutzhütte halbrechts auf dem *Hermannsweg* weiter, der fest und gut zu begehen ist. An dem großen Baum (in der Wanderkarte mit »Naturdenkmal« gekennzeichnet) gehen wir geradeaus talwärts.

Wir kommen an dem Waldgasthof *Bienen-Schmidt* vorbei und bleiben geradeaus auf dem Weg, bis er stumpf mündet. Wir biegen rechts ab und kommen durch den Wald langsam talwärts an eine Straße heran, auf die wir ebenfalls rechts abbiegen.

Es ist die *Währentruper Straße,* die in Höhe von *Gut Stapelage* in die *Stapelager Straße* übergeht und nach gut einem Kilometer durch *Stapelage* zurück zum Ausgangspunkt führt.

Zum Donoper Teich

36 Pivitsheide – Kupferberg – Donoper Teich – Kupferberg – Pivitsheide

Verkehrsmöglichkeiten Bus nach Detmold, Lage, Hörste und Augustdorf.
Parkmöglichkeiten Nördlich vom Friedhof Pivitsheide.
Wegmarkierungen Weißer Querstrich von Einmündung nach Kupferberg bis Donoper Teich, »H« von Donoper Teich bis Südrand Kussel.
Tourenlänge 6 Kilometer.
Wanderzeit 1½ Stunden.
Höhenunterschiede Insgesamt 23 Meter Steigung.
Wanderkarte 1:50000 L 4118 Detmold.
Straßenkarte Generalkarte 1:200000, Blatt 9.
Tourenbeschreibung Wir gehen in westlicher Richtung auf *Pivitsheide* zu und biegen knapp 100 Meter vor der Ampelkreuzung links in die Straße *Hasselbachtal* ab. Wir kommen an einem Teich vorbei und folgen dem »R« weiter bachaufwärts bis zum *Donoper Teich*.

Hier gehen wir rechts weiter über den Wanderparkplatz, dann ein Stück im Wald rechts neben der Straße entlang und gegenüber vom *Restaurant Forstfrieden* in den Wald hinein. Wir befinden uns wieder auf dem *Hermannsweg* in Richtung Eichenkrug – Pivitsheide.

Zu Tour 37 **Hermannsdenkmal** (Foto: Touristik-Marketing Kreis Lippe)

Wir folgen dann weiter dem »H« und dem Hinweis auf grüner Tafel »Freibad Fischerteich«. In unmittelbarer Sichtweite der ersten Häuser am Südrand von *Kussel* biegen wir rechts auf einen breiten Weg ab. Etwa 20 Meter weiter weist rechts am Baum ein kleines grünes Schild Richtung »Blauer See, Hasselbachtal, Donoper Teich«.

Es ist ein langer befestigter Weg, der in Sichtweite der Häuser am Waldrand entlangführt und schließlich am Parkplatz gegenüber von einem Friedhof auf eine Straße mündet. Wir gehen einige Meter nach links, biegen rechts ab und steigen hinab zum Teich.

Wir überqueren zwei Holzbrücken und erreichen den Weg, den wir anfangs zum Donoper Teich gewandert sind. Jetzt halten wir uns links und biegen rechts auf die Straße zum Parkplatz am Friedhof ab.

Am Hermannsdenkmal

37 Hiddesen – Cherusker-Weg – Hünenring – Grotenburg – Hiddesen

Verkehrsmöglichkeiten Bus nach Detmold und Donoper Teich.
Parkmöglichkeiten In der Nähe der Kirche und auf der Friedrich-Ebert-Straße.
Wegmarkierungen »X 3« vom gelben Haus in der Straße Am Hermannsweg bis zur Grotenburg, »H« vom Hermannsdenkmal bis zum Krebsteich, lila Fisch vom Krebsteich bis zur Lopshorner Allee.
Tourenlänge 9 Kilometer.
Wanderzeit 2¼ Stunden.
Höhenunterschiede Insgesamt 218 Meter Steigung.
Wanderkarte 1:50000 L 4118 Detmold.
Straßenkarte Generalkarte 1:200000, Blatt 9.
Wissenswertes Auf dem Berg Grotenburg (336 Meter) steht das 26 Meter hohe Standbild von Armin dem Cherusker auf 30 Meter hohem Sockel. Inschrift auf dem 7 Meter langen und 550 kg schweren Schwert: Deutschlands Einigkeit – meine Stärke, meine Stärke – Deutschlands Macht.
Tourenbeschreibung Auf der *Friedrich-Ebert-Straße* gehen wir nach Osten, bis wir in der Talsenke rechts ein gelbes Haus stehen sehen, an dem rechts die Straße *Hermannsweg* abgeht. Wir folgen ihr, kommen an einer Schutzhütte in den Wald und gehen

über einen Forstweg und später eine Straße hinweg steil bergan dem Zeichen »X« nach.

An einem kleinen Teich erreichen wir die Höhe mit Kiosken und Selbstbedienungsläden. Hier geht es rechts weiter und dann halblinks auf das *Hermannsdenkmal* zu. Kurz vorher biegen wir rechts in den Weg mit dem »H« ab.

Er führt bergab bis zur ersten Wegekreuzung, wo wir links abbiegen. Es geht steil bergab an zwei Steinbrüchen vorbei bis an eine Waldstraße heran. Hier wandern wir rechts weiter bis zu einer asphaltierten Straße.

Wir überqueren sie, indem wir weiter dem »H« folgen und kommen in ein lichtes Tal hinein. Hier geht es links weiter ein kleines bißchen bergan in den Wald hinein und rechts auf einer geschotterten Straße weiter dem »H« nach.

Es sind kaum 150 Meter, da geht diese Straße in einen Waldweg über. Wir kommen an einer Schutzhütte vorbei und erreichen eine Straße, die wir in Richtung auf den *Krebsteich* überqueren. Am Teich verlassen wir den Hermannsweg und folgen der Markierung mit dem »lila Fisch« nach rechts.

Wir kommen nun an Erdwällen vorbei, die alle bewachsen sind und unter Naturschutz stehen. Am Ende dieser Wälle mündet der Weg auf den *Bentweg,* in den wir rechts abbiegen. Am Sportplatz vorbei erreichen wir die *Friedrich-Ebert-Straße,* auf der wir nach links den Ausgangsort erreichen.

Zwischen Adlerwarte und Silberbach

38 Berlebeck – Adlerwarte – Schling – Heiligenkirchen – Berlebeck

Verkehrsmöglichkeiten   Bus nach Detmold und Schling.
Parkmöglichkeiten   Ecke Paderborner/Fromhauser Straße.
Wegmarkierungen   »H« von Hangsteinstraße bis Haus am Hangstein.
Tourenlänge   7 Kilometer.   **Wanderzeit**   1¾ Stunden.
Höhenunterschiede   Insgesamt 169 Meter Steigung.
Wanderkarte   1:50000 L 4118 Detmold.
Straßenkarte   Generalkarte 1:200000, Blatt 9.
Wissenswertes   Berlebeck hat eine Adlerwarte, in der 80 Greifvögel aus aller Welt zu finden sind. Heiligenkirchen hat eine Kirche aus dem 12.–13. Jahrhundert mit Barockorgel und einen Vogelpark.

Tourenbeschreibung Auf der *Paderborner Straße* halten wir uns südlich und biegen rechts in die *Hangsteinstraße* ab. Hier führt nun rechts ein schmaler Fußweg (Kennzeichen »R«) zur *Adlerwarte* hinauf. Hinter der Vogelwarte zunächst auf dem *Adlerweg* und dann auf dem *Pulverweg* immer weiter bergan.

An der Ruine von Haus *Hangstein* gehen wir geradeaus auf der *Ostertalstraße* talwärts weiter. Wir kommen an einem Wanderparkplatz heraus, hinter dem der Eingang zum Vogelpark liegt. Gegenüber gehen wir in der *Ellernbruchstraße* weiter.

Es geht nun rechts *In der Steinbreite* weiter, bis wir erneut rechts in den *Plaßkampweg* abbiegen können, der durch ein Gehöft auf die *Denkmalstraße* mündet. Wir biegen links ab, bis wir in *Heiligenkirchen* den *Krugplatz* mit einer kleinen Parkanlage erreichen.

Hier geht es an der Post rechts in *Hohler Weg* weiter, auf dem wir zunächst am Sportplatz und dann an einer Friedhofskapelle auf der rechten Seite vorbeikommen. Schließlich stoßen wir wieder auf die *Paderborner Straße,* auf der wir rechts zum Ausgangsort zurückkehren.

Silbermühle und Externsteine

39 Horn – Silbermühle – Externsteine – Horn

Verkehrsmöglichkeiten Bus nach Detmold, Höxter, Bad Lippspringe und Paderborn.
Parkmöglichkeiten Hinter dem Rathaus.
Wegmarkierungen Weißer senkrechter Doppelstrich von Horn bis Einmündung in Straße nach Leopoldstal, »H« von Silbermühle bis 100 Meter hinter der Straße von Horn nach Veldrom, von hier »X« über Externsteine und weiter mit »X 6« und »7« bis Horn.
Tourenlänge 10 Kilometer.
Wanderzeit 2½ Stunden.
Höhenunterschiede Insgesamt 77 Meter Steigung.
Wanderkarte 1:50000 L 4118 Detmold.
Straßenkarte Generalkarte 1:200000, Blatt 9.
Wissenswertes *Horn* hat eine Burg (1344–1348) mit Heimatmuseum, nach Lemgo die älteste Stadt im Lipperland (urkundlich 1248 erwähnt). *Externsteine* bis fast 38 Meter hohe Sandsteinfelsen, die wahrscheinlich heidnisches Heiligtum waren. Die später in den Fels gehauene Kapelle wurde 1115 geweiht.

Zu Tour 39 **Burg im historischen Stadtkern Horn**
(Foto: Stadt Horn-Bad Meinberg)

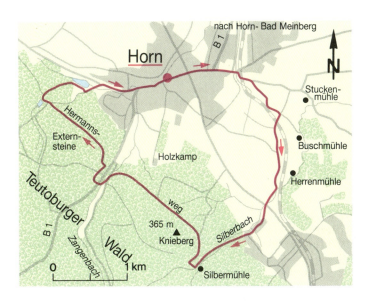

Eine Brücke führt zu einer weiteren Kapelle. Das monumentale Steinrelief der Kreuzabnahme Christi gehört zu frühesten Werken deutscher Großplastik (1120).

Tourenbeschreibung Wir beginnen unsere Tour auf der *Mittelstraße* Richtung »Bad Driburg« und biegen vor dem Friedhof rechts in die *Steinheimer Straße* ab. Es geht über die Bahnlinie hinweg und rechts auf der *Bergheimer Straße* weiter. Kurz darauf biegen wir rechts in den *Wiebuscher Weg* ab.

Wir halten uns nun auf der *Mühlenstraße* rechts (Punkt 224) über die Bahnlinie hinweg weiter geradeaus, rechts an der Bahnunterführung weiter, bis wir auf die *Leopoldstaler Straße* stoßen. Gegenüber geht es auf der Straße *Neuer Teich* neben dem Bach bis zur *Silbermühle* weiter.

Hier biegen wir kurz vor dem Parkplatz rechts im spitzen Winkel auf den mit »H« gekennzeichneten Weg ab, der nach knapp 50 Metern auf eine schmale Straße mündet. Hier biegen wir rechts ab und bleiben auf dem mit »H« gekennzeichneten befestigten Weg.

Der Weg steigt zunächst, weist dann aber Gefälle auf und stößt nach einer S-Kurve auf eine breite Querstraße. Auf der gegenüberliegenden Seite geht es den Kennzeichen »X« und »H« nach unter einer Straße hindurch auf einen Wanderparkplatz.

Wir gehen nach rechts über den Parkplatz hinweg, bis links wieder der mit »X« und »H« gekennzeichnete Weg bergauf führt

Zu Tour 39, 65.8 **Externsteine** (Foto: MWG Lippe GmbH)

und sich gleich gabelt. Wir bleiben auf dem »X«-Weg, der am Hang entlangführt und bei den *Externsteinen* herauskommt.

Hier biegen wir kurz vor dem Teich unterhalb der Externsteine nach rechts auf den Weg ab, der mit »X 6« und »7« gekennzeichnet ist. Er führt uns zunächst an einem kleinen Teich und dann an einem See vorbei. Der Weg mündet unmittelbar an der Einfahrt zum Kreisaltersheim.

Wir gehen geradeaus weiter dem »X« nach durch ein Stückchen Wald, biegen dann rechts auf die Straße ein und halten uns an der nächsten Straßengabel links. Wir können bereits die Kirche sehen, hinter der wir unseren Parkplatz erreichen.

Unterhalb vom Velmerstot

40 Leopoldstal – Schnat – Kattenmühle – Silbermühle – Leopoldstal

Verkehrsmöglichkeiten Bahn und Bus nach Detmold und Bad Driburg.
Parkmöglichkeiten Wanderparkplatz an der Leopoldstaler Straße neben dem Sportplatz.
Wegmarkierungen Vom Parkplatz bis zum 1. Querweg Dreieck, Wolfsangel und senkrechter Strich, auf dem Sonnenweg um den Velmerstot senkrechter Strich und »18«, von der Kattenmühle bis zur Silbermühle »H«, »X 10« und Dreieck.
Tourenlänge 7 Kilometer.
Wanderzeit 2 Stunden.
Höhenunterschiede Insgesamt 133 Meter Steigung.
Wanderkarte 1:50 000 L 4118 Detmold.
Straßenkarte Generalkarte 1:200 000, Blatt 9.
Wissenswertes Vorgeschichtliche Funde aus der Stein- und älteren Bronzezeit.
Tourenbeschreibung Gleich neben dem Sportplatz führt die Straße *Silbergrund* rechts an den Berg heran. Neben der Feuerwehr geht es geradeaus auf einem Waldweg weiter, der unentwegt ziemlich stark ansteigt. Er mündet auf einen Querweg (Punkt 321).

Wir gehen über ihn hinweg und auf dem mit »18«, senkrechtem weißen Strich und »A 2« gekennzeichneten Weg um den

Zu Tour 40 **Silberbachmühle** (Foto: Günter R. E. Richter)

Velmerstot herum. Wir kommen an einem Steinbruch vorbei, wobei der Weg zunächst sehr eben ist.

In Richtung *Schnat* fällt er dann jedoch ab, geht in einen asphaltierten Weg über, von dem dann ein schmaler Weg scharf nach rechts abbiegt und hinunter zum Wirtshaus *Kattenmühle* führt. Es geht am Teich um die Gaststätte herum auf einen Parkplatz.

Von hier führt halbrechts der Weg in den Wald hinein. Zunächst fließt der *Silberbach* rechts, bis wir an eine Brücke herankommen. Hier geht es auf einem sehr steinigen Pfad neben dem Bach entlang, bis der Weg wieder befestigt ist.

Auf der 3. Brücke wechseln wir wieder auf die linke Seite und kommen an dem Wirtshaus *Silbermühle* heraus. Auf der Straße *Neuer Teich* können wir nun weiter zu Tal gehen und nach rechts in die Straße *Silbergrund* abbiegen.

Sie führt uns am Friedhof von Leopoldstal und einem kleinen Teich rechter Hand vorbei. Am Restaurant *Drei Linden* biegen wir dann links in den *Silbergrund* ab, um zum Parkplatz zurückzukehren.

Rund um Silberort

41 Sandebeck – Kamlahstein – Silberort – Schwandberg – Sandebeck

Verkehrsmöglichkeiten Bus nach Bad Driburg, Detmold, Hameln, Bad Pyrmont, Schieder und Altenbeken.
Parkmöglichkeiten Wanderparkplatz am alten Forsthaus neben der Fahrstraße.
Wegmarkierungen Vom Parkplatz bis zum Kamlahstein rosafarbener Strich, von hier bis zum Wasserwerk am Einkenbach Weg »20«, von hier bis Sandebeck weißer Doppelstrich.
Tourenlänge 8 Kilometer.
Wanderzeit 2 Stunden.
Höhenunterschiede Insgesamt 141 Meter Steigung.
Wanderkarte 1:50000 L 4119 Detmold.
Straßenkarte Generalkarte 1:200000, Blatt 9.
Wissenswertes *Sandebeck* wurde 1031 als Sannanabiti in pago wetige erwähnt.
Tourenbeschreibung Vom Wanderparkplatz gehen wir an dem alten Forsthaus vorbei auf den Wald zu. Hinter der Barriere macht der befestigte Forstweg zunächst eine Rechts-, dann eine Linkskurve, bevor er rechts abbiegt und in Richtung auf den *Eggeweg* zu steigt.

Nach geraumer Zeit kommen wir am *Kamlahstein* neben einer Schutzhütte vorbei. Wir bleiben auf dem befestigten Waldweg,

97

der weiter in den Berg (Silberort) hinauf führt. Es geht an einem Steinbruch vorbei und rechts in Serpentinen hinab an die *Leopoldstraße* (Punkt 229).

Wir überqueren die Hauptstraße und gehen auf der Straße *Bangern* durch einen Tunnel unter der Eisenbahnlinie hindurch auf ein Klärwerk neben dem *Einkenbach* zu. Hier biegen wir rechts ab und steigen über eine Holzbrücke bergauf durch den Wald.

Zu Tour 41 **Oberhalb von Sandebeck** (Foto: Günter R. E. Richter)

Schließlich kommen wir aus dem Wald heraus und biegen links auf die Straße ab, die an einem Werksgelände vorbeiführt. Die Straße wird schmaler und gabelt sich vor einem Wald. Wir biegen links ab den Berg hinauf nach *Sandebeck*.

Hier orientieren wir uns zur Kirche und gehen dann rechts auf der *Teutoburger-Wald-Straße* weiter, die erneut über die Bahnlinie zur Hauptstraße zurückführt. Sofort dahinter stehen wir wieder auf dem Wanderparkplatz.

Weg zum Kreuzkrug

42 Kohlstädt – Kleinenbruch – Kreuzkrug – Steinknochen – Kohlstädt

Verkehrsmöglichkeiten Bus nach Schlangen, Horn-Bad Meinberg.
Parkmöglichkeiten Parkplatz am Sportplatz In der Rote.
Wegmarkierungen Von der Fürstenallee bis Haustenbeck auf der Spitze stehendes Quadrat, von hier bis zum Kreuzkrug zusätzlich weißes Dreieck und »X 4«, von hier bis Wegegabel ostwärts Kreuzkrug »X 7« und »X 10«, von hier bis Ortsrand Kohlstädt »X 10« (Lönspfad).
Tourenlänge 11 Kilometer.   **Wanderzeit** 2¾ Stunden.
Höhenunterschiede Insgesamt 180 Meter Steigung.
Wanderkarte 1:50000 L 4118 Detmold.
Straßenkarte Generalkarte 1:200000, Blatt 9.
Anmerkung Der Lönspfad ist 38 Kilometer lang und führt von Leopoldstal über Silbermühle, Kohlstädt, Kreuzkrug, Dörenkrug nach Oerlinghausen.
Wissenswertes *Kohlstädt* 1030 erstmals urkundlich als Colstidi (Stätte eines Kohlenmeilers) erwähnt.
Tourenbeschreibung Vom Sportplatz gehen wir die Straße nach links am Friedhof vorbei bergab und biegen am Ende

rechts in die Straße ab, die auf die *Fürstenallee* zuführt. Dort biegen rechts ab an den Ortsrand von *Oesterholz* (Punkt 190).

Hier geht es links weiter auf der *Haustenbeckstraße*. Bevor wir den Sportplatz erreichen, mündet von links der Weg »X 4« in unseren Weg ein. Wir biegen nach rechts in die *Brunnenstraße* ab, die kurz vor dem Kreuzkrug wieder in die *Fürstenallee* einmündet.

Am *Kreuzkrug* biegen wir rechts in einen breiten Waldweg ab und halten uns an der ersten Wegegabel rechts. Wir befinden uns nun auf dem *Lönspfad*, der über den *Steinknochen* hinweg und am *Twisselgrund* vorbei an den Ortsrand von *Kohlstädt* heranführt. – Auf der *Hornsche Straße* biegen wir rechts ab, bis rechts die Straße *Am Schlehdorn* erreicht wird. Hier steigen wir noch einmal tüchtig bergauf zum Fernsehumsetzer, neben dem eine Bankgruppe steht. Auf sandigem Weg geht es in einer S-Kurve zurück zur Straße In der Rote.

Vom Grauten Gott ins Beketal

43 Grauter Gott – Auf der Brede – Ziegenberg – Grauter Gott

Verkehrsmöglichkeiten Bus nach Altenbeken und Paderborn.
Parkmöglichkeiten Wanderparkplatz Grauter Gott (nur mit dem Pkw zu erreichen) liegt nordostwärts von Neuenbeken.
Wegmarkierungen Von der Einmündung in den Kammweg bis zur Lichtung linker Hand weißes Dreieck und Raute, im Beketal weißes »Z« und Dreieck, von Auf dem Berge bis Grauter Gott wieder Dreieck und Raute.
Tourenlänge 10 Kilometer. **Wanderzeit** 2¾ Stunden.
Höhenunterschiede Insgesamt 111 Meter Steigung.
Wanderkarte 1:50000 L 4318 Paderborn.
Straßenkarte Generalkarte 1:200000, Blatt 9.
Wissenswertes *Neuenbeken* wurde 1036 als Ekena urkundlich erwähnt; Kirche 1200, nahegelegene Schwalchlöcher der Beke.
Tourenbeschreibung Von dem großen Parkplatz wenden wir uns der kleinen Schutzhütte an der Straße nach Bad Lippspringe zu, gehen dort durch ein Gatter und erreichen schon nach gut 100 Metern eine *Naßdoline* (mit Wasser vollgelaufener Karsttrichter).

Unser Weg hat nun etwas Gefälle, steigt dann aber sofort wieder an. Nach 200 Metern biegen wir rechts ab und bleiben auf diesem Weg, bis er stumpf endet. Hier gehen wir rechts weiter bis auf den Kammweg, auf dem wir uns erneut rechts halten, bis sich links eine Lichtung öffnet.

Wir bleiben weiter auf diesem Waldweg bis zur nächsten Wegespinne, wo wir am schwarzen Kruzifix links abbiegen. Hinter der rot-weißen Barriere gabelt sich der Weg am Waldrand. Wir gehen auf dem mittleren, nicht geschotterten, talwärts.

Auf halber Höhe kreuzt er einen Querweg und dreht nun etwas nach links ab. Er wird breiter und mündet stumpf. Wir biegen rechts ab, erreichen das Beke-Tal und wandern rechts weiter. Dieser Weg führt am Waldrand neben der *Beke* entlang.

Bei der ersten Möglichkeit, die Beke zu überqueren (Punkt 128), biegen wir links und gleich wieder rechts auf die Hauptstraße ab, die Richtung Neuenbeken führt. Sobald auf der rechten Seite »Sackgasse« ausgeschildert ist, biegen wir rechts ab.

Wir kommen erneut über die *Beke* hinweg und biegen am halben Hang vor dem eingezäunten Grundstück links ab auf Neuenbeken zu. Wir kommen auf der *Bukhove* am Sportplatz vorbei und gehen weiter geradeaus in die Sackgasse hinein und dann eine Treppe hinauf.

Es geht links weiter der *Überwasserstraße* nach und rechts auf der *Gogrevenstraße* weiter. Fast am Ortsausgang, im Ortsteil *Auf dem Berge,* biegen wir rechts vor dem Kruzifix in den *Horner Hellweg* ab.

Er führt weit nach Norden an Altenbeken vorbei durch den Staatsforst Altenbeken. Wir kommen zunächst über den *Ziegenberg* (Punkt 224), bevor dann der Parkplatz am *Graute Gott* (Punkt 307) wieder vor uns auftaucht.

Im Lichtenwald

44 Hossengrund – Hausheide – Reelsberg – Hossengrund

Verkehrsmöglichkeiten Bus nach Altenbeken und Paderborn.
Parkmöglichkeiten Wanderparkplatz »Am Hossengrund«.
Wegmarkierungen Im Hossengrund weißer Winkel, auf dem Eggeweg »X«, Strich und roter Punkt, vom nächsten Wanderparkplatz Dreieck und »Z« durch Lichtenwald bis zum Ausgangspunkt.
Tourenlänge 10 Kilometer.
Wanderzeit 2½ Stunden.
Höhenunterschiede Insgesamt 150 Meter Steigung.
Wanderkarte 1:50 000 L 4318 Paderborn.
Straßenkarte Generalkarte 1:200 000, Blatt 9.
Wissenswertes *Buke* wurde 1231 als Villa ton Buke erwähnt.

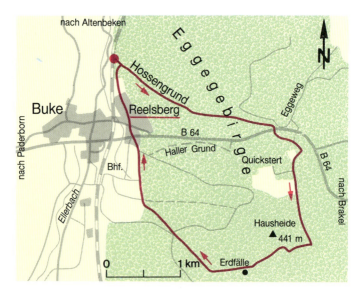

Tourenbeschreibung Vom Parkplatz an der Straße Buke – Altenbeken geht es unter der Bahnlinie hindurch in den *Hossengrund* hinein. Fast drei Kilometer zieht sich der Weg durch den Wald bergauf, ehe er die B 64 (Driburg – Paderborn) erreicht.

Es geht über die Straße hinweg, am *Eggekrug* (Wirtshaus) vorbei bis zu einem Wanderparkplatz. Hier biegen wir rechts und gleich darauf links auf einen Waldweg ab, auf den *Fernwanderweg E 1* Nordsee – Bodensee.

Sobald wir den Wanderparkplatz erreicht haben, biegen wir rechts ab. Rechts auf der *Hausheide* (Punkt 441) befindet sich militärisches Gelände. Der Weg fällt, führt an einer Jagdhütte vorbei, knickt rechts und dann links ab, verengt sich und mündet nach einer kleinen Linkskurve auf einen befestigten Weg.

Hier geht es rechts weiter bis zu einem gut ausgestatteten Rastplatz (Punkt 328), an dem wir uns halbrechts Richtung Buke halten. Wir kommen aus dem Wald heraus, gehen am Waldrand entlang und unter der B 64 (Punkt 313) hindurch nach *Reelsberg* hinein.

Wir wandern weiter geradeaus, immer dicht an der Bahnlinie entlang. Wir kommen zurück zum Wasserwerk (PW) von Driburg und erreichen damit nach links unseren Ausgangspunkt.

Vorbei am Bodostein

45 Grevenhagen – Erpentrup – Langeland – Schwarzes Kreuz – Grevenhagen

Verkehrsmöglichkeiten Bus nach Hameln, Bad Pyrmont, Schieder, Altenbeken.
Parkmöglichkeiten Am Eggering bei der Kirche oder an der Bushaltestelle.
Wegmarkierungen Von Langeland bis Schwarzes Kreuz weißer Winkel, von hier bis zum Ausgangsort weißer senkrechter Doppelstrich.
Tourenlänge 8,5 Kilometer.
Wanderzeit 2 Stunden.
Höhenunterschiede Insgesamt 215 Meter Steigung.
Wanderkarten 1:50000 L 4318 Paderborn und L 4320 Bad Driburg.
Straßenkarte Generalkarte 1:200000, Blatt 9.
Wissenswertes Das Gebiet wird im Volksmund »Klein Sauerland« genannt.

Tourenbeschreibung Vom Parkplatz am *Eggering* biegen wir nach rechts in den *Steinweg* ab. Er führt kurz bergauf am kleinen Friedhof (Punkt 255) des Ortes vorbei und dann bergab über die Bahnlinie nach *Erpentrup,* wo wir *Am Breitenbach* auf die Straße nach Langeland stoßen.

Rechts geht es weiter nach *Langeland* (Punkt 232) und dort von der *Hornerstraße* rechts ab in die *Rehbergstraße,* die am Sportplatz vorbei und unter der Bahnlinie hindurch bergan führt. Hinter der Linkskurve geht es rechts weiter bergauf am *Bodostein* vorbei.

Der befestigte Forstweg geht in einen Waldpfad über und gabelt sich kurz hinter der ersten Rechtskurve. Hier biegen wir links ab und haben bis zum *Eggeweg* einen erheblichen Anstieg vor uns. Wir halten uns rechts und stehen gleich darauf am *Schwarzen Kreuz.*

Vor der Bankgruppe unmittelbar am Kreuz biegen wir rechts ab den Berg hinunter. An der ersten Abzweigung kurz vor der Hochspannungsleitung geht es erneut rechts weiter. Es geht mit starkem Gefälle durch den Wald, bis er sich lichtet. Wir erreichen *Grevenhagen* und auch bald den *Eggering* und damit den Ausgangsort.

Zu Tour 45 **Blick auf Grevenhagen** (Foto: Günter R. E. Richter)

Oberhalb der Aa-Mühlen

46 Bad Driburg – Reelsen – Alhausen – Bad Driburg

Verkehrsmöglichkeiten Bus nach Detmold, Höxter, Paderborn und Warburg.
Parkmöglichkeiten Am Kurpark.
Wegmarkierungen Vom Kurpark bis Straßenkurve »S« im Kreis und weißer Winkel, von Reelsen bis Straßenkurve im Wald kopfstehendes »T«. Im Staatsforst Altenbeken (lediglich in der Wanderkarte »A 3«) sonst »8« mit Zeichen von Driburg, vom Wegekreuz südlich Bad Hermannsborn bis Alhausen weißes »Z« und kopfstehendes »T«.
Tourenlänge 12 Kilometer.
Wanderzeit 3½ Stunden.
Höhenunterschiede Insgesamt 162 Meter Steigung.
Wanderkarte 1:50000 L 4320 Bad Driburg.
Straßenkarte Generalkarte 1:200000, Blatt 9.
Anmerkung In Bad Driburg/Neuenheerse Waldlehrpfad mit Stausee und Ferienpark.
Wissenswertes Der Name *Driburgs* ist von den drei Burgstätten = Dreiburg abgeleitet. Im 13. Jahrhundert Stadtrechte. Missionshaus St. Xaver beherbergt völkerkundliche und zoologische Sammlungen. Wildgehege.

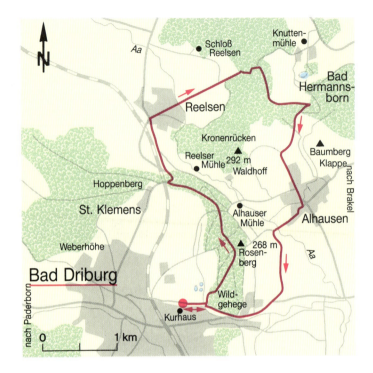

Tourenbeschreibung Vom Parkplatz beginnen wir die Tour durch den Kurpark und rechts am Stahlbad vorbei. Hier gehen wir gerade auf das Wildgehege zu, biegen hinter dem Bach links ab und steigen dem weißen »S« folgend langsam den *Rosenberg* hinauf. Ein kurzes Stück führt der Weg unmittelbar durch das Freigehege.

Wir kommen nun an dem *Gedenkstein* (Punkt 267) für den Grafen C. H. Sierstorpff, dem Begründer des Bades Driburg, vorbei, wo oberhalb eine kleine Kapelle steht. Wir gehen links an dem Gedenkstein vorbei und bleiben auf dem mit »S« gekennzeichneten Höhenweg, bis wir eine Straße erreichen.

Hier biegen wir rechts ab und steigen genau in der Kurve zu Tal, gehen ein Stück neben der Bahnlinie her und kommen an einem Kruzifix vorbei und dann schon an den Ortsrand von *Reelsen* heran. Auf der *Detmolder Straße* gehen wir durch den Ort und biegen vor der Kirche rechts in *Im Lerchenfeld* ab.

Auf der wenig befahrenen Straße gehen wir langsam bergauf zum Waldrand (Punkt 250). Hinter der S-Kurve auf der Anhöhe biegen wir rechts in einen Waldweg ab. Wir kommen so an einen anderen Weg heran, der südlich von *Bad Hermannsborn* an Wiesengelände vorbei hinab zu einem befestigten Weg führt.

An der Wegegabel neben dem Holzkreuz biegen wir rechts ab und kommen sehr schnell aus dem Wald heraus an eine schmale Straße heran, in die wir rechts abbiegen. Wir überqueren die erste Kreuzung und halten uns an der nächsten Wegegabel (Punkt 228) links ab nach *Alhausen* hinein.

Hinter der Kirche biegen wir rechts in den *Weberring* ab, halten uns dann links in die Straße *In der Stiege,* überqueren die *Aa* und gehen zunächst auf den *Rosenberg* zu. Wir biegen dann aber links ab und gehen praktisch in der gleichen Richtung zum Kammweg, den wir anfangs gekommen sind, nun aber auf Bad Driburg zu.

Vor dem Kurheim der BfA erreichen wir eine Straße, biegen rechts ab und kommen nach leichtem Anstieg an den Kurpark heran, durch den wir rechts von der Hauptstraße abbiegend, zum Parkplatz zurückgehen.

Zu Tour 46, 60 **Bad Driburg, Kurpark mit Kurhäusern und Blick auf die Trink- und Wandelhalle** (Foto: Verkehrsamt Bad Driburg)

Zu Tour 46, 60 **Bad Driburg, Mühlenpforte mit Stadtmauer**
(Foto: Verkehrsamt Bad Driburg)

Vorbei an der Strothe

47 Bad Lippspringe – Kurwald – Bad Lippspringe

Verkehrsmöglichkeiten Bus nach Paderborn und Detmold.
Parkmöglichkeiten Unmittelbar am Bad und Sportplatzgelände.
Wegmarkierungen Am Sportplatz bis zur ersten Querstraße umgekehrtes »T«, »U«, Punkt und senkrechter Strich, von der Waldecke im Norden bis Punkt 130 an der Sandkuhle »X« und Dreieck.
Tourenlänge 9 Kilometer.   **Wanderzeit** 2¼ Stunden.
Höhenunterschiede Keine.
Wanderkarte 1:50000 L 4318 Paderborn.
Straßenkarte Generalkarte 1:200000, Blatt 9.
Wissenswertes Das Lippe-Quellgebiet war für die Römer ein wichtiger Platz. Tiberius legt 5 n. Chr. hier für sein Heer Winterquartiere an. Karl der Große hielt hier mehrmals einen Reichstag ab.
Tourenbeschreibung Vom Parkplatz aus gehen wir links auf dem *Schützenweg* am Ortsrand des Kurwaldes entlang. An der ersten Querstraße biegen wir links ab. Nach einem Kilometer geht es erneut links auf dem *Lönsweg* weiter.

Wir kommen an einer Schutzhütte und der *Hermann-Löns-Eiche* vorbei, bis wir an einen Fischteich mit der *Fischermühle* (Wirtshaus) gelangen. Diese schmale Waldstraße mündet stumpf. Wir biegen links in die *Auguste-Viktoria-Straße* und rechts in die *vom Stein-Straße* ab.

Diese Straße, später heißt sie *An der Eiche,* führt an einen Baggersee heran. Vor dem Betriebsgelände einer Möbelfabrik geht es links und an der *Raiffeisenstraße* rechts weiter. Sie mündet auf die Straße *Am Strothebach,* auf der wir uns links halten.

Wir biegen nun links ab in die Straße *Am Vorderflöß* und halten uns am Ende rechts in die *Bleichstraße*. Es geht nun links auf der *Grünen Straße* weiter, die verkehrsberuhigt ist, an einer Kirche vorbeiführt, die *Bielefelder Straße* kreuzt und auf dem *Friedrich-Wilhelm-Weber-Platz* weiterführt.

Wir kommen am Rathaus vorbei, gehen dann rechts auf der *Friedrichstraße* weiter, links in die *Waldstraße* hinein und kurz darauf rechts auf der *Triftstraße* weiter auf die Sportanlagen und das Freibad zu, wo wir den Ausgangspunkt erreichen.

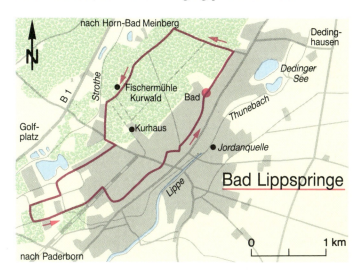

Rund um den Rauhen Grund

48 Schwaney – Eggeweg – Klusenberg – Bodenthal – Schwaney

Verkehrsmöglichkeiten Bus nach Altenbeken, Willebadessen, Scherfede und Warburg.
Parkmöglichkeiten Wanderparkplatz »Am Klusweg«.
Wegmarkierungen Vom Parkplatz bis Weg 500 Meter nördlich Punkt 408 weißer Winkel, von hier bis Eggeweg weißes »Z«, Eggeweg weißes »X« und weißer Winkel bis zur Abzweigung ins Bodental.
Tourenlänge 10 Kilometer.
Wanderzeit 3 Stunden.
Höhenunterschiede Insgesamt 110 Meter Steigung.
Wanderkarte 1:50000 L 4318 Paderborn.
Straßenkarte Generalkarte 1:200000, Blatt 9.
Anmerkung Der Weg mit weißem Winkel ist neu und unmißverständlich gekennzeichnet. Besonders hilfreich dort, wo im Wald kein Pfad mehr zu erkennen ist.
Wissenswertes *Schwaney* wurde 970 erstmals erwähnt und 1344 als Swanegge (früher auch Suanecghe) verzeichnet. Steinfunde weisen auf frühe Besiedlung hin. Während der Römerkriege lebten hier Cherusker. Bischöfliches Schloß und Wasser-

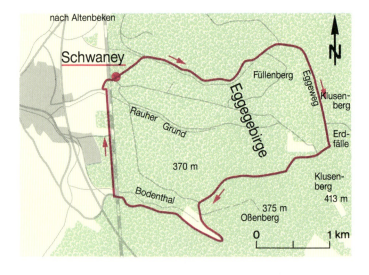

Gruppenwanderung (Foto: Klaus Puntschuh)

burg der Herren von Westphahlen (1441 gebaut, 1742 bereits öde und verfallen).

Tourenbeschreibung Vom Wanderparkplatz gehen wir auf dem Weg los, der genau nach Nordosten führt. Nach 500 Metern erreichen wir einen Querweg und gehen rechts weiter dem weißen »>« nach, bis nach langem Anstieg der Schotterweg eine scharfe Linkskurve macht.

Hier biegen wir rechts auf einen mit weißem »Z« gekennzeichneten Trampelpfad ab, um durch den Wald nördlich vom *Füllenberg* den Anschluß an den *Eggeweg* zu gewinnen (400 Meter südöstlich Höhe 417). Auf diesem geht es nun rechts weiter, zunächst durch den Wald, der sich dann aber öffnet und den Blick nach Osten freigibt.

Es geht ein Stückchen bergab am *Bernhard-Lohmann-Stein* vorbei auf *Klusenberg* (Punkt 396) zu und geradeaus weiter an einer Schutzhütte vorbei. An der nächsten Wegegabel geht es links weiter und auf einem befestigten Weg bergab.

Wir kommen noch einmal an einer Schutzhütte vorbei, bis sich rechter Hand ein Tal öffnet. Dieses Stück ist mit »X« und »Wolfsangel« gekennzeichnet. Wir biegen nun scharf rechts in den *Landdrostenweg* ab und folgen dem *Bodental* bis zur Bahnlinie.

Hinter dem Tunnelausgang müssen wir sofort rechts abbiegen und einem schmalen Weg folgen, der parallel zur Bahnlinie führt. Auf diesem Weg, später mit »A 1« gekennzeichnet, nähern wir uns der Straße zum Schwaneyer Forst.

Wir halten uns erneut rechts zur Bahn hin und können dann auf einem Trampelpfad den Ausläufer des Rauhen Grundes durchqueren. Wir steigen dann ein paar Stufen hinauf zur Straße, die rechts über die Bahnlinie zurück zum Parkplatz führt.

Erdfälle und Schwalchlöcher

49 Herbram – Iggenhausen – Grundsteinheim – Hahnenberg – Herbram

Verkehrsmöglichkeiten Bus nach Altenbeken und Paderborn.
Parkmöglichkeiten Nähe Sportplatz am Buchliethweg.
Wegmarkierungen Von Herbram bis Grundsteinheim weißes »X 2«.
Tourenlänge 11 Kilometer.
Wanderzeit 3 Stunden.
Höhenunterschiede Insgesamt 189 Meter Steigung.
Wanderkarte 1:50000 L 4318 Paderborn.

Fliegenpilz (Foto: Christina Garstecki)

Straßenkarte Generalkarte 1:200 000, Blatt 9.
Wissenswertes In *Herbram* vorgeschichtliche Hügelgräber. Sauerbach mit Schwalchlöchern, in denen der Bach versickert und unterirdisch weiterfließt. Erdfälle, Erdeinstürze durch unterirdische Ausspülungen. – *Iggenhausen* wird 1120 als Villa Ikinhusun erwähnt.
Tourenbeschreibung Vom Parkplatz an der Halle gehen wir rechts zum Wald, biegen rechts ab und überqueren auf einem Steg das *Schmittwasser* zur Kirche hin und gehen weiter bis zur Vorfahrtstraße, in die wir links abbiegen.

Auf dieser Straße kommen wir nach *Iggenhausen,* biegen vor der Kirche links ab bergauf und gehen auf der Straße *Zum Winterberg* hinter dem Ortsausgang dem »X« nach steil hinab ins Bachtal. Wir gehen auf der Straße (Punkt 249) links weiter, bis von links ein weiterer Bach einmündet.

Schon wenig später halten wir uns rechts, kommen an einem Steinbruch vorbei und nach *Grundsteinheim* hinein. Der Bach fließt zunächst auf der linken Seite, wir kommen an der Kirche vorbei und biegen hier nach rechts in den *Futterweg* ab.

Es geht den Berg hinauf. Wir folgen der Straße durch Serpentinen und gehen auf der Anhöhe halblinks weiter über freies Feld. Rechts liegt einer der *Erdfälle* (Naturdenkmal), in dem die Bäume versunken sind. An der ersten *Kreuzung* geht es geradeaus weiter, an der zweiten rechts ab (Punkt 319) zu Tal auf die Waldnase zu.

Hier steigen wir rechts auf, halbrechts zwischen den beiden Scheunen (Punkt 343) hindurch und biegen an der nächsten Kreuzung vor dem *Hahnenberg* links (Punkte 360 und 361) ab. Es geht erneut talwärts zwischen zwei Scheunen hindurch und gegenüber von einem Kusselgelände links in eine abschüssige Straße hinein, die auf einen Taleinschnitt zuführt.

An der ersten Abzweigung geht es links weiter und an der nächsten Kreuzung rechts talwärts, an dem kleinen Friedhof vorbei, dahinter rechts ab auf die *Hauptstraße* und in Richtung Sportplatz weiter.

Im Altenbeker Staatsforst

50 Neuenheerse – Eggeweg – Neuenheerse

Verkehrsmöglichkeiten Bus nach Altenbeken, Bad Driburg, Paderborn und Warburg.
Parkmöglichkeiten Asseburger Straße hinter der Kirche.
Wegmarkierungen Vom Parkplatz bis Eggeweg »X 2«, Rhombus und »Z«, auf dem Eggeweg »X«, von Punkt 320 bis zur Linkskehre des Weges weißer Winkel nach links, dann bis Parkplatz Neuenheerse weißes »Z«.
Tourenlänge 11 Kilometer.   **Wanderzeit** 2¾ Stunden.

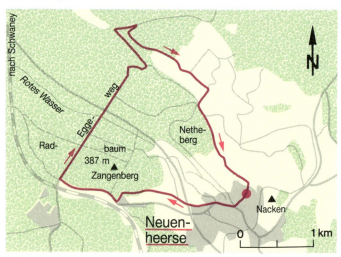

Zu Tour 51 **Neuenheerse vom Steinberg her gesehen**
(Foto: Günter R. E. Richter)

Höhenunterschiede Insgesamt 144 Meter Steigung.
Wanderkarte 1:50000 L 4318 Paderborn.
Straßenkarte Generalkarte 1:200000, Blatt 9.
Wissenswertes In *Neuenheerse* Wasserschloß Alte Abtei (1599–1603), domartige Stiftskirche, auch Eggedom genannt.
Tourenbeschreibung Vom Parkplatz halten wir uns links auf der *Paderborner Straße* bis zur ersten scharfen Linkskurve. Hier geht es in Höhe der Volksbank auf der Straße *Im Wennekenbruch* weiter. Auf ihr unterqueren wir die *Hauptstraße* und steigen langsam bergan.

Am Waldrand kommen wir an einer Kneippschen Wassertretstelle vorbei und stoßen bei den ersten Häusern auf eine Straße, der wir rechts durch den Wald folgen. Diese Straße führt parallel zur Bahn, stößt auf eine Querstraße, in die wir rechts abbiegen.

Schon hier können wir neben der Straße durch den Wald (Punkt 364) wandern, bis wir die nächste Kreuzung erreichen. Es geht geradeaus weiter an einer Schutzhütte und einem Wanderparkplatz vorbei. Kurz vor einem Steinbruch können wir von dem bisherigen Waldweg links abbiegen.

Wir schneiden damit die S-Kurve der Straße ab und kommen in eine Talmulde, an der rechts der *Hake-Weg* in spitzem Winkel (Punkt 320) nach Osten abbiegt. Nach ungefähr 200 Metern geht es erneut rechts weiter und nach etwa 10 Minuten an einer Jagdhütte vorbei.

Schließlich erreichen wir auf der Anhöhe eine Scheune, an der es rechts weitergeht. Vor dem Waldrand biegen wir links ab, bis sich der Blick auf Neuenheerse und sein Umland öffnet. Von hier ist es nicht mehr weit zurück zum Parkplatz.

Zur Antoniuskapelle

51 Kühlsen – Neuenheerse – Antoniuskapelle – Suffelmühle – Obermühle – Mittelmühle – Dringenberg – Kühlsen

Verkehrsmöglichkeiten Bus nach Bad Driburg, Peckelsheim und Warburg.
Parkmöglichkeiten An Freiflächen neben der Fahrbahn im Ort.
Wegmarkierungen Von Kühlsen bis Neuenheerse »A 2«, »X 2« und Rhombus, von der Antoniuskapelle bis Dringenberg weißer Winkel, von Dringenberg bis Kühlsen »A 1« und »X 2«.
Tourenlänge 10 Kilometer.
Wanderzeit 2½ Stunden.
Höhenunterschiede Insgesamt 185 Meter Steigung.
Wanderkarte 1:50000 L 4320 Bad Driburg.
Straßenkarte Generalkarte 1:200000, Blatt 9.

Zu Tour 52 **Unweit Asseln** (Foto: Günter R. E. Richter)

Wissenswertes *Kühlsen* liegt im Schatten der Bergfeste Dringenberg. Es ist ungewiß, ob der 952 urkundlich erwähnte Ort Culisin mit Kühlsen identisch ist. – *Neuenheerse* Tour Nr. 50.

Tourenbeschreibung Der Weg beginnt an der Straße *Zum Steinberg*. Sie steigt gleich stark an, führt an zwei Kruzifixen vorbei und zum dritten unmittelbar am Waldrand heran. Hier geht es dem »X« nach weiter bergauf, bis der Weg in Höhe eines Wasserbehälters auf eine Straße mündet.

Wir biegen rechts ab über eine Kuppe hinweg und ohne Richtungsänderung auf einem Waldweg weiter. Nach etwa 200 Metern führt der Weg aus dem Wald heraus und fällt nach *Neuenheerse* stark ab. Wir kommen am *Sonnenweg* heraus, gehen an der Kapelle neben dem Friedhof entlang und weiter auf der *Stiftsstraße* geradeaus in den Ort hinein.

Kurz vor der Kirche biegen wir rechts in die *Gemmekestraße* ab, steigen bergan und halten uns dann links den *Nackenweg* hinauf. Vor dem Gehöft geht es links weiter und hinter der Bergnase rechts sehr steil zu Tal.

Wir kommen an einer Wegegabel unterhalb eines alten Baumes heraus und bleiben auf der kleinen Straße, die neben einer Fahrstraße einherführt, bis wir rechts durch einen Tunnel die Straße unterqueren können.

Wir stehen gleich darauf an der *Antoniuskapelle* (Punkt 218), gehen hinauf zur nächsten querverlaufenden Straße und biegen dort rechts ab. Wir haben rechter Hand die *Suffelmühle* und kommen dann an dem Wirtshaus *Zum Oesetal* (Wirtshaus und Parkplatz) an die *Öse* heran.

Wir biegen erneut links ab und bleiben auf einem Fußweg neben der Straße (im Ösetal Obermühle und Mittelmühle) bis kurz vor *Dringenberg*, wo rechts die Straße nach Kühlsen abbiegt. Nach einem kurzen Aufstieg erreichen wir wieder den Ausgangsort.

Zur Asseler Linde

52 Hakenberg – Asseler Linde – Asseln – Singermühle – Hakenberg

Verkehrsmöglichkeiten Bus nach Warburg, Paderborn und Lichtenau.
Parkmöglichkeiten Wanderparkplatz Hakenberg an der Straße Am Walde.
Wegmarkierungen Keine.
Tourenlänge 9 Kilometer. **Wanderzeit** 2½ Stunden.
Höhenunterschiede Insgesamt 107 Meter Steigung.
Wanderkarte 1:50000 L 4318 Paderborn.
Straßenkarte Generalkarte 1:200000, Blatt 9.
Anmerkung Da keine Wegmarkierung vorhanden ist, sind topographische Punkte und Bezeichnungen aus der Karte 1:50000 in Klammern eingefügt.

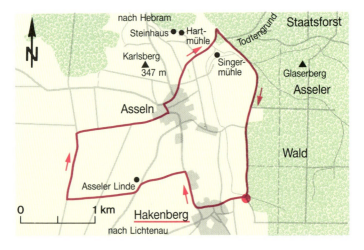

Tourenbeschreibung Vom Wanderparkplatz (Punkt 327) geht es zunächst zurück zum Ort, dort die Straße an der Kirche hoch und auf der Anhöhe rechts weiter. Es geht an einer kleinen Siedlung vorbei und kurz darauf links ab auf die Straße Lichtenau – Asseln zu.

Hier geht es links weiter, an der *Asseler Linde* (Naturdenkmal) vorbei und gleich darauf rechts über einen Querweg, an einem Kastenwäldchen vorbei talwärts auf eine weitere querverlaufende Straße. Es geht nun rechts weiter, wieder an einem alleinstehenden Baum vorbei bis zur ersten Straße, die rechts abzweigt.

Auf ihr kommen wir auf *Asseln* zu, an einem Kruzifix vorbei, hinunter in den Ort. Hier biegen wir links ab und gehen nun auf die Senke zu, über den *Schmittwasserbach* hinweg und hinauf zum Waldrand. Am Wanderparkplatz biegen wir sofort rechts auf einen Fußweg neben der Straße ab, kommen am Waldrand an einem Waldspielplatz vorbei und überqueren den *Glasewasserbach*.

Dort, wo rechts eine befestigte Straße auf ein Kruzifix zuführt, halten wir uns weiter geradeaus der »A 4« und »W 7« nach am Waldrand entlang. Es geht noch einmal ein bißchen bergauf (Punkt 326), doch bald sehen wir schon unseren Parkplatz östlich von Hakenberg.

An der Marschallsburg vorbei

53 Holtheim – Marschallshagen – Marschallsburg – Amerungenkapelle

Verkehrsmöglichkeiten Bus nach Kleinenberg, Warburg, Lichtenau, Paderborn.
Parkmöglichkeiten Gegenüber vom Kriegerdenkmal.
Wegmarkierungen Von Holtheim bis Marschallshagen Wegweiser, von hier bis zur Straßeneinmündung Husen – Lichtenau eckiges U.
Tourenlänge 9 Kilometer.
Wanderzeit 2½ Stunden.
Höhenunterschiede Insgesamt 92 Meter Steigung.
Wanderkarte 1:50000 L 4518 Marsberg.
Straßenkarte Generalkarte 1:200000, Blatt 9.
Wissenswertes *Holtheim* 1036 erstmals urkundlich erwähnt.
Tourenbeschreibung Wir verlassen den Parkplatz in südlicher Richtung und kommen auf der Hauptstraße an die Abzweigung

nach *Marschallshagen*. Es geht links an einem Waldrand entlang, bis die Straße nach rechts (Lippsberg) den Hang hinabführt.

Hier kommen wir an dem Wanderparkplatz *Sportplatz Holtheim* vorbei und erreichen bald die Senke, durch die der *Pieperbach* fließt.

Wir halten uns rechts, gehen dem weißen »U« nach zwischen zwei Häusergruppen hindurch und erreichen in einer langgezogenen Linkskurve durch den Wald an der *Marschallsburg* vorbei schließlich die Hauptstraße.

Es geht links ein kurzes Stück bergauf und dann auf der Straße hinab ins Tal der *Altenau*. Vor dem Stuckenberg biegen wir rechts ab dem »U« nach, bis wir vor der Straße Husen – Lichtenau einen Teich erreichen.

Wir gehen am Wasser entlang rechts weiter und erreichen nach gut 500 Metern die Amerungenkapelle. Nach gut 200 Metern führt der Weg rechts über einen Zufluß der Altenau. Es geht ein Stück durch den Wald hinauf und dann über freies Feld (Punkt 274) bis an ein Wegekreuz.

Wir biegen links ab an dem Marienbild vorbei und kommen im Bogen rechts herum auf der Straße *Am Brunnen* nach *Holtheim,* wo wir vor dem Kriegerdenkmal auf die Hauptstraße stoßen und damit den Parkplatz erreichen.

Rund um den Piepersiek

54 Kleinenberg – Heilgrund – Katharinenhof – Kleinenberg

Verkehrsmöglichkeiten Bus nach Paderborn und Warburg.
Parkmöglichkeiten Oberhalb der Wallfahrtskirche an der B 68 im Marienweg.
Wegmarkierungen Keine.
Tourenlänge 7 Kilometer. **Wanderzeit** 2 Stunden.
Höhenunterschiede Insgesamt 81 Meter Steigung.
Wanderkarte 1:50000 L 4518 Marsberg.
Straßenkarte Generalkarte 1:200000, Blatt 9.
Anmerkung Da keine Wegemarkierung vorhanden ist, sind topographische Punkte und Bezeichnungen aus der Karte 1:50000 in Klammern eingefügt.
Wissenswertes In *Kleinenberg* Rokokokapelle und Muttergottesbrunnen, Reste mittelalterlicher Festungsmauern, 1220 als Klenenberic erwähnt. Wallfahrtsort zur Helferin vom Berge.
Tourenbeschreibung Vom Parkplatz halten wir uns rechts in den Ort hinein und biegen von der Hauptstraße an dem steinernen Kruzifix rechts in die *Blankenroder Straße* ab. Wir folgen ihr durch eine S-Kurve auf den Wald zu. – Hinter der rot-weißen Straßensperre verlassen wir die Asphaltstraße nach rechts auf einem Schotterweg in Richtung auf eine Wasserentnahmestelle zu. Der Weg fällt, biegt rechts ab und führt durch einen lichten Wald (Punkt 329) auf eine Wegegabel zu.

Zu Tour 56 **Benediktinerinnen-Kloster Dalheim** (Foto: Günter R. E. Richter)

Hier halten wir uns links und kommen an einem Hochsitz vorbei. Nach einer Steigung können wir auf der Anhöhe im Wald (Punkt 384) rechts abbiegen. Dieser Weg führt schnurgerade bergab und biegt dort, wo er freies Feld (Punkt 325) erreicht, leicht rechts ab.

Wir kommen zum *Katharinenhof,* gehen weiter geradeaus und biegen dann rechts ab, womit wir fast parallel zur B 68 weiter auf Holtheim zugehen und am Friedhof vorbei unseren Ausgangspunkt erreichen.

Um Teutonia und Burenberg

55 Borlinghausen – Teutonia – Laake – Burenberg – Borlinghausen

Verkehrsmöglichkeiten Bus nach Warburg, Scherfede, Willebadessen und Altenbeken.
Parkmöglichkeiten Am Sportplatz.
Wegmarkierungen Keine.
Tourenlänge 8 Kilometer. **Wanderzeit** 2 Stunden.
Höhenunterschiede Insgesamt 67 Meter Steigung.
Wanderkarte 1:50000 L 4520 Warburg.
Straßenkarte Generalkarte 1:200000, Blatt 9.

Wissenswertes Das Wasserschloß *Borlinghausen* stammt aus dem 16. Jahrhundert und zählt zur Weser-Renaissance. Das Gebiet war vorgeschichtlich besiedelt, Grabstätten »Am Struckholz«. 1065 als Burchatinchusen erwähnt. Einen Kilometer vom Dorf Richtung Löwen eine 1000jährige Eiche; auf dem Eggekamm Reste der Spiegelburg.

Tourenbeschreibung Vom Sportplatz gehen wir durch die Bahnunterführung, steigen ein Stück aufwärts und kommen an einem kleinen Wasserbehälter und einem Kruzifix (Naturdenkmal) vorbei. Dann links um ein alleinstehendes Gehöft herum, von hier geradeaus, bis unser Weg am Waldrand endet.

Hier biegen wir rechts ab, kommen dicht an Bahngleise heran und können sie nach wenigen Metern nach rechts unterqueren. Der Weg führt erst neben den Gleisen entlang und knickt dann rechts ab. Wir überqueren jetzt eine Vorfahrtstraße, nähern uns dem Gut Laake und biegen auf gleicher Höhe nach rechts ab.

Der Weg macht eine Linkskurve und führt über die (Punkt 246) *Helmerte* hinweg bergauf. Bei Punkt 254 erreichen wir wieder eine Asphaltstraße, biegen rechts ab und steigen noch einmal ziemlich bergan. – Wir gehen auf einen Waldrand mit Scheune zu, biegen dort rechts ab. Der Wirtschaftsweg knickt noch einmal rechts ab, dann an der *1000jährigen Eiche* (Naturdenkmal) vorbei und an dem Vorfahrtsschild erneut rechts weiter. Wir halten uns rechts zum *Wasserschloß* und stoßen hier unmittelbar an der Kirche wieder auf den Weg zum Parkplatz.

Zu den Dreizehn Linden

56 Dalheim – Nonnenholz – Dreizehn Linden – Langes Holz – Dalheim

Verkehrsmöglichkeiten Bus nach Lichtenau, Paderborn, Scherfede, Warburg.
Parkmöglichkeiten Wanderparkplatz oberhalb des ehemaligen Klosters am Helmenerweg.
Wegmarkierungen Nördlich Nonnenholz bis Langes Holz weißer Doppelstrich, von hier bis nördlich Dankelmanns Eiche »A 2«, von hier »A 1« bis zur ersten Wegegabel, weiter Weg »20« bis zum ehemaligen Kloster.
Tourenlänge 11 Kilometer.
Wanderzeit 3 Stunden.
Höhenunterschiede Insgesamt 142 Meter Steigung.
Wanderkarte 1:50000 L 4518 Marsberg.
Straßenkarte Generalkarte 1:200000, Blatt 9.

Zu Tour 54 **Die Rokokapelle in Kleinenberg** (Foto: Günter R. E. Richter)

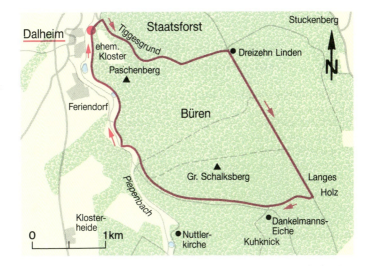

Wissenswertes In *Dalheim* (im 11. Jahrhundert als Dalem und Dailhem bekannt) entstand 1196 ein Benediktinerinnenkloster. Museum für Abgüsse umweltgefährdeter Steinplastiken (Führung nach Vereinbarung).

Tourenbeschreibung Vom Parkplatz halten wir uns rechts an der Mauer mit dem Uhrentürmchen vorbei auf den ersten Durchlaß zu, gehen talwärts, unterhalb der Kirche vorbei und zum unteren Tor (Domäne). Hier geht es ein kurzes Stück auf der schmalen Straße links bis zur Straße *Am Hayersberg* weiter.

Wir bleiben nun ein Stück auf dieser Straße und steigen dann halbrechts zwischen den beiden asphaltierten Straßen einen Forstweg in den Berg hinauf. Dieser Weg stößt vorbei an Höhe 282 auf den Forstweg, der vom Amerunger Feld südöstlich Richtung Blankenrode führt.

Durch das *Nonnenholz* erreichen wir die Schutzhütte *Dreizehn Linden* und steigen nun ständig bergan. In der ersten nun folgenden Senke steht ein hoher Baum, vor dem ein Weg rechts talwärts Richtung Meerhof führt.

An der ersten Straßengabel mit einem Teich linker Hand biegen wir rechts ab. Der Weg schlängelt sich südlich des *Gr. Schalksberges* und *Paschenberges* an einem kleinen Friedhof linker Hand und einigen Teichen vorbei hinab nach *Dalheim*. Hier halten wir uns links durch die Domäne hinauf zum Parkplatz.

Wäschebach und Bleikuhlen

57 Blankenrode – Klingelbach – Wäschebach – Bleikuhlen – Blankenrode

Verkehrsmöglichkeiten Bus nach Lichtenau, Paderborn, Scherfede.
Parkmöglichkeiten An der Hardehauser Straße unweit der Kirche.
Wegmarkierungen Rhombus, Wolfsangel und »A 1« vom Ausgangsort bis Stadtwüstung Blankenrode, Rhombus und »A 1« entlang Klingelbach und Wäschebach bis zum Tieberg, von hier Andreaskreuz, Rhombus, weißer Doppelstrich und »A 1« bis zum Ausgangsort.
Tourenlänge 9 Kilometer.
Wanderzeit 2¼ Stunden.
Höhenunterschiede Insgesamt 241 Meter Steigung.
Wanderkarte 1:50000 L 4518 Niedermarsberg.
Straßenkarte Generalkarte 1:200000, Blatt 9.
Wissenswertes Bei *Blankenrode* handelt es sich um eine Neusiedlung aus dem 16. Jahrhundert. In der Gemarkung des heutigen Ortes lag die Streusiedlung Snevede. In sächsischer Zeit eine Wallburg, deren Reste zu erkennen sind. Der Jungfrauenbrunnen ist in Sandstein gehauen.

Tourenbeschreibung Die Tour beginnt auf der *Hardehauser Straße* Richtung Scherfede über einen sehr intensiv ausgebauten Waldlehrpfad. In Höhe eines Wanderparkplatzes biegen wir rechts ab und halten uns nun ganz strikt geradeaus, bis wir erneut an ein großes Schild kommen, das vor der *Stadtwüstung Blankenrode* aufgebaut ist.

Gegenüber von diesem Schild führt rechts ein Fußweg parallel zur Wallanlage der Stadtwüstung mit weißem Rhombus als Kennzeichnung in den Berg und senkt sich dann aber zu Tal. Er mündet auf eine Waldstraße, auf der es weiter talwärts geht.

Es geht an der *Warburger Schutzhütte* vorbei, unter der Autobahn hindurch bis zu einer breiten Straßengabel. Hier biegen wir nun rechts ab (Punkt 248). Sobald dieser Weg eine S-Kurve macht, in deren Scheitel ein alter, knorriger und vertrockneter Baum (Naturdenkmal, Punkt 275) steht, müssen wir links dem weißen Rhombus nach in den Wald abbiegen.

Wir überqueren den Zufluß des *Wäschebaches* und steigen nun recht steil Richtung Tieberg auf. Wir erreichen einen breiten Waldweg, wo rechts nach Blankenrode ausgeschildert ist. Hier geht es nun auf dem Weg rechts weiter.

Wir kommen an der Autobahnbrücke heraus, halten uns nun links an den *Bleikuhlen* vorbei und erreichen (Egge) bald die Straße Blankenrode – Meerhof. Hier geht es rechts bergab zurück zum Parkplatz.

Beiderseits der Diemel

58 Westheim – Billinghausen – Orpethal – Im Eichholz – Westheim

Verkehrsmöglichkeiten Bus nach Oesdorf, Meerhof, Bestwig, Brilon, Warburg.
Parkmöglichkeiten Entlang der Kasseler Straße.
Wegmarkierungen Keine.
Tourenlänge 13 Kilometer.
Wanderzeit 3½ Stunden.
Höhenunterschiede Insgesamt 190 Meter Steigung.
Wanderkarte 1:50000 L 4518 Marsberg.
Straßenkarte Generalkarte 1:200000, Blatt 9.
Anmerkung Da keine echte Wegekennzeichnung vorhanden ist, sind topographische Punkte und Bezeichnungen aus der Karte 1:50000 in Klammern eingefügt. – Für den Weg durch den

Billinghauser Busch und den Abstieg vom Großen Kehlberg ist ein Kompaß hilfreich.

Wissenswertes *Westheim* führte 1081 die Bezeichnung »Westhem up der Diemele dcneben dem Marsberge«.

Tourenbeschreibung Auf der *Kasseler Straße* schlagen wir die Richtung nach Scherfede ein, biegen dann Richtung Oesdorf und gleich wieder rechts in den *Püllweg* ab an einem holzverarbeitenden Betrieb vorbei. Es geht dann geradeaus weiter auf der *Hoppebeke*.

Diese Straße führt ganz langsam bergauf an Scheunen und einem Kruzifix vorbei. Hinter einem Gehöft steuern wir auf den Waldrand zu und biegen an der Waldecke in den Weg ab, der unmittelbar am Waldrand entlangführt.

So ziemlich auf der Anhöhe müssen wir uns im Wald rechts, also in östlicher Richtung halten, bis der Weg (weil oftmals nur schwer zu erkennen, am besten den Kompaß benutzen) schließlich südostwärts in einen Hohlweg übergeht und talwärts führt. Er mündet auf einen Schotterweg, auf den wir rechts abbiegen.

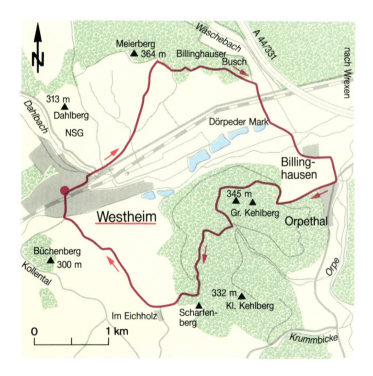

Zu Tour 59 **Am Haase-See** (Foto: Günter R. E. Richter)

Wir überqueren nun die Straße Westheim – Wrexen, dann die Eisenbahnlinie (Punkt 218) und erreichen die kanalisierte Diemel. Sobald wir einen Nebenarm der Diemel überquert haben, steigen wir auf *Rote Weg* bergauf und kommen an *Billinghausen* vorbei.

Wir bleiben auf der Straße, die dann rechts abknickt und bis kurz vor die *Orpe* führt. Hier geht es am Ortsrand von *Orpethal* rechts auf der *Mühlenstraße* und sofort wieder rechts auf dem *Ebentalsweg* am Waldrand entlang in den Berg hinauf.

Am nächsten Querweg biegen wir rechts ab und halten uns an der Bank, die oberhalb einer gemauerten Brüstung steht, links und machen nun einen großen Bogen um den *Großen Kehlberg*. Wir stoßen auf eine Wegespinne, an der links die alte *Weißhaupteiche* (Naturdenkmal) steht.

An diesem Wegekreuz halten wir uns rechts. Der Forstweg macht schon nach wenigen Metern eine Linkskurve. Hier steigen wir geradeaus auf den Berg hinauf und überqueren den Höhensattel auf sehr unwegsamen Trampelpfaden in südsüdwestlicher bis südwestlicher Richtung (am besten Kompaß benutzen!), bis wir einen breiten Weg erreichen, der an einer Scheune herauskommt.

Wir haben damit die Nordseite des *Tannenberges* erreicht, gehen auf dem Schotterweg weiter talwärts und biegen an der Straße rechts ab. Nach einer Linkskurve steigt die Straße an und führt an einem Gehöft vorbei.

Vom alleinstehenden Kugelbaum geht es dann zügig bergab (Punkt 274) auf die Diemel zu. Wir erreichen eine Straße, biegen rechts über die *Diemel* und die Gleisanlage ab. Wir stoßen nun auf die *Kasseler Straße* und biegen rechts ab zurück zum Ausgangsort.

Über vier Bäche

59 Voxtrup – Gut Waldhof – Kloster Oesede – Am Musenberg – Zeppelinstein – Bad Iburg

Verkehrsmöglichkeiten Gretescher Turm ist mit Stadtbus Osnabrück zu erreichen, in Iburg Bus nach Osnabrück.
Parkmöglichkeiten In Gretescher Turm am Sportleistungszentrum Osnabrück/Burg Gretesch neben der Straße nach Wissingen; in Bad Iburg am Amtsweg Nähe Kurhaus.
Wegmarkierungen Weiße Raute mit Strich vom Sauerbachweg bis Gut Waldhof, von Oesede bis zu den Fischteichen und von Schurloh bis Bad Iburg.
Tourenlänge 22 Kilometer.
Wanderzeit 5¾ Stunden.
Höhenunterschiede Insgesamt 231 Meter Steigung.
Wanderkarten 1:50000 L 3714 Osnabrück und L 3914 Bad Iburg.
Straßenkarte Generalkarte 1:200000, Blatt 6.
Wissenswertes *Osnabrück* 785 durch Karl den Großen als Bistum gegründet. 1157 Besuch von Kaiser Barbarossa und Verleihung des Befestigungsrechtes. Westfälischer Städtebund und Hanse. 1648 Westfälischer Friede in Osnabrück geschlossen. Der Dom St. Peter ist eine romanische Pfeilerbasilika, Baubeginn des fürstbischöflichen Residenzschlosses 1668. Rathaus (1487–1512), Stadtwaage (1532). Diözesanmuseum, kulturgeschichtliches und naturwissenschaftliches Museum, Zoologischer Garten. – *Kloster Oesede* siehe Tour 13. – *Bad Iburg* siehe Tour 22. – Der *Zeppelinstein* wurde im Staatsforst Palsterkamp an der Stelle errichtet, wo das Verkehrsluftschiff Z 7 »Deutschland« am 28. 6. 1910 schneebedeckt im Sturm strandete.
Tourenbeschreibung Es geht vom Parkplatz rechts ab in die *Sandforter Straße,* über die Bahnlinie am alten Bahnhof von Lüstringen vorbei. Wir unterqueren eine Hochspannungsleitung

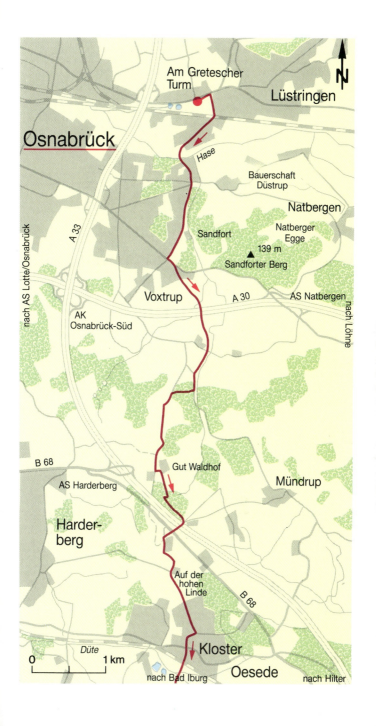

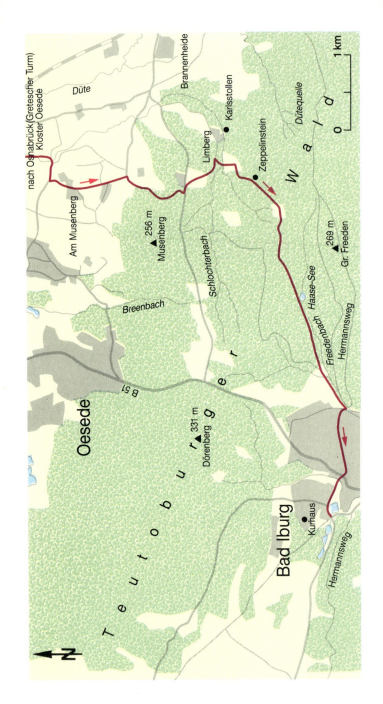

und gehen über die *Hase* weiter bis zur Straßenspinne mit den fünf einmündenden Straßen.

Wir gehen geradeaus auf der Straße *Am Gut Sandfort* weiter und erreichen nach einem leichten Anstieg die *Meller Landstraße*. Wir biegen links ab und gehen halbrechts *Am Riegelbusch* weiter. Doch diese Straße gabelt sich sofort wieder.

Wir nehmen auf der *Bauerschaft Voxtrup* die Richtung zur Autobahn, unterqueren sie und eine Hochspannungsleitung, halten uns an der Wirtschaft rechts und gehen geradeaus weiter auf dem Weg, der für Lastwagen gesperrt ist.

Wir kreuzen eine Querstraße, links liegt ein kleiner Teich am Hof, und vor dem Wald erreichen wir die *Holsten-Mündruper Straße,* halten uns links, bis sehr bald der *Sauerbachweg* rechts in den Berg hinauf führt.

Er kommt an der *Waldhofstraße* heraus, auf der wir links Richtung Gut Waldhof weitergehen. Wir biegen links in die Allee zum Gut ab, wo kurz vor dem Tor rechts ein Weg zu einem alleinstehenden Haus führt.

Auf einem Trampelpfad geht es an ihm vorbei durch den Wald. Der Weg wird breiter und mündet an der Straßengabel *Gruttkamp/Im Mündrup*. Wir überqueren nach rechts die Autobahn, gehen dann über die *Bielefelder Straße* hinweg und befinden uns auf der Straße *Hohe Linde*.

Wir biegen nun links in die Straße ab, die an einem Windmotor vorbei in einem Rechtsbogen die Anhöhe *Auf der hohen Linde* erreicht. Wir gehen geradeaus weiter und sehen hier schon *Kloster Oesede* vor uns liegen.

Im Ort biegen wir rechts auf die Straße *Am Markt* ab, überqueren die Hauptstraße und gehen geradeaus auf der *Königsstraße* weiter, kommen an der Schule vorbei und überqueren die Bahngleise. In der Straße *Auf der Insel* geht es geradeaus weiter nach Süden.

Über die *Düte* hinweg kommen wir an eine zweite Brücke heran, vor der wir links an der Baumreihe entlanggehen. Dieser schmale Weg führt schließlich an Bach und Fischteichen vorbei. Wir kommen an der Straße *Am Piepenbrink* heraus, gehen rechts hoch und biegen dann links in die *Wellendorfer Straße* ab.

Erst nach etwa 1 Kilometer verlassen wir sie und biegen rechts in die Straße *Schurloh* ab. Hier geht es tüchtig bergauf und einige Zeit durch den Wald. Es geht nun links auf der *Borgloher Straße* und wenig später rechts auf der Straße *Limberg* weiter.

Wenn rechts die Ausschilderung zum »Zeppelinstein« erreicht ist, geht es noch einmal auf einer sich sehr windenden Feldstraße an Gehöften vorbei in den Wald hinauf. Links liegt der *Zep-*

pelinstein. Nach wenigen 100 Metern ist bei einer Gastwirtschaft auch die Höhe erreicht.

Wir halten uns nun rechts und haben praktisch nur noch drei Kilometer Gefälle durch den Wald vor uns. Es geht an dem *Haase-See* mit einer Schutzhütte vorbei bis an den Ortsrand von *Bad Iburg*.

Wir behalten die bisherige Richtung bei, überwinden noch einmal eine kleine Anhöhe im Stadtbereich und halten uns talwärts in Richtung auf den *Charlottensee* zu, der unweit vom Parkplatz am *Amtsweg* liegt.

Von der Aa an die Lippe

60 Bad Driburg – Altenbeken – Bad Lippspringe

Verkehrsmöglichkeiten Bad Driburg: Bahn nach Warburg, Willebadessen, Ottbergen, Altenbeken, Bus nach Horn, Paderborn, Brakel, Höxter, Holzminden, Nieheim und Detmold. Bad Lippspringe: Bus nach Detmold, Schlangen und Paderborn.

Parkmöglichkeiten Bad Driburg an der Weberhöhe; Bad Lippspringe hinter der Kirche und unweit der Detmolder Straße.

Wegmarkierungen Weißes »S« im Kreis vom Parkplatz Weberhöhe bis Wegespinne im Stadtwald. Weißer Punkt von Wege-

Zu Tour 60 **Bei Altenbeken** (Foto: Günter R. E. Richter)

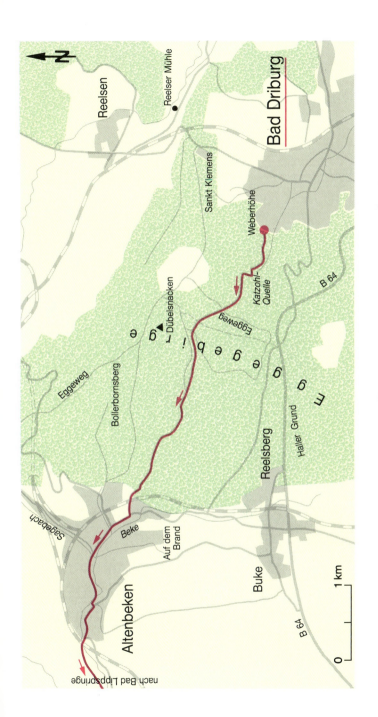

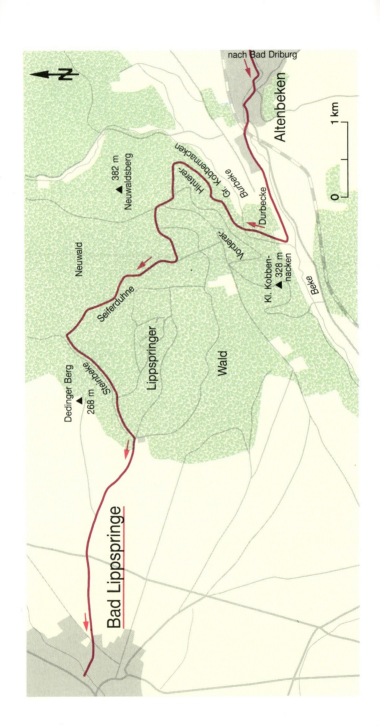

spinne bis Altenbeken. Weißer Querstrich von Altenbeken bis kurz vor dem Forsthaus. Volles weißes Dreieck vom Forsthaus bis Wanderparkplatz Durbeke-Tal. Weißer Strich, Z und Raute von der Buren-Linde bis Schutzhütte an der Steinbeke, von hier Dreieck bis Parkplatz am Lippspringer Wald.
Tourenlänge   22 Kilometer.   **Wanderzeit**   5½ Stunden.
Höhenunterschiede   Insgesamt 307 Meter Steigung.
Wanderkarten   1:50000 L 4320 Bad Driburg und L 4318 Paderborn.
Straßenkarte   Generalkarte 1:200000, Blatt 9.
Anmerkung   Bad Driburg-Neuenheerse besitzt Waldlehrpfad (Stausee und Ferienpark).
Wissenswertes   *Bad Driburg* siehe Tour Nr. 46. – *Bad Lippspringe* siehe Tour 47.
Tourenbeschreibung   Vom Parkplatz Richtung Katzohl (weißes S) an einem Wasserbehälter vorbei und an der ersten geschotterten Wegegabel geradeaus bergauf. Der Weg wird schmaler und windet sich in Serpentinen weiter bergauf.

Auf der Anhöhe kreuzt er unweit einer Schutzhütte den *Eggeweg*. Wir gehen weiter geradeaus an der Hütte vorbei und haben einen langen Abstieg bis Altenbeken vor uns. Wir kreuzen aber zunächst eine Forststraße, auf die unser Weg dann weiter talwärts wieder einmündet (Punkt 332).

Wir passieren einige Rastplätze, die meist neben kleinen Teichen liegen und erreichen unmittelbar an der Bahnunterführung den Stadtrand von *Altenbeken*. Wir biegen dann rechts auf die Hauptstraße ab und gehen ganz durch den Ort, teilweise neben der Beke her bis zum Viadukt.

Kurz vorher biegen wir rechts in den *Stapelsberg* ab und unterqueren den Viadukt. Bei der ersten Querstraße geht es rechts weiter, am Forsthaus (Durbeke) vorbei bis zum Wanderparkplatz »Durbeke-Tal«. Hier geht es nun links auf der *Forststraße* den Berg hinauf.

So lassen wir den *Großen Knobbennacken* hinter uns und kommen auf der Anhöhe bei der *Burenlinde* (Punkt 358) heraus. Unser Weg führt geradeaus an ihr und einer Schutzhütte linker Hand vorbei. Unser Abstieg führt durch die *Seiferduhne*, bis wir eine Schutzhütte (Punkt 215) erreichen.

Hier geht es links weiter bis zu einem Wanderparkplatz (Punkt 190), wo wir den *Lippspringer Wald* hinter uns lassen und nun über eine Kopfsteinpflaster-Straße rechts weiter auf Lippspringe zugehen. Am *Jordanpark* mit den Quellen vorbei, kommen wir schräg gegenüber vom Kirchplatz auf der *Detmolder Straße* in *Bad Lippspringe* heraus.

Über Karlsschanze und Hohe Warth

61 Willebadessen – Karlsschanze – Kleiner Herrgott – Försterkreuz – Hohe Warth – Scherfede

Verkehrsmöglichkeiten Von Willebadessen Bus nach Altenbeken, Warburg und Bad Driburg; von Scherfede Bus nach Paderborn und Warburg.
Parkmöglichkeiten In Willebadessen Parkplatz am Bahnhof im Wald; in Scherfede Parkplatz am Bach.
Wegmarkierungen Vom Parkplatz bis zum Kleinen Herrgott weißes kopfstehendes »T« und weißer Querstrich, von dort bis zur Schutzhütte südlich Bierbaums Nagel Andreaskreuz, von dort senkrechter Strich und Doppelstrich bis Waldecke nördlich Hohe Warth, von dort weißes volles Dreieck, Rhombus und eckiges »U« bis zur Wegekreuzung westlich Hohe Warth.

Zu Tour 61 **Parkeingang bei Willebadessen**   (Foto: Günter R. E. Richter)

Tourenlänge 16 Kilometer. **Wanderzeit** 4 Stunden.
Höhenunterschiede Insgesamt 263 Meter Steigung.
Wanderkarte 1:50000 L 4320 Bad Driburg und L 4520 Warburg.
Straßenkarte Generalkarte 1:200000, Blatt 9.
Wissenswertes *Willebadessen* besitzt eine barock ausgestattete Kirche des 1149 gegründeten Benediktinerklosters, 1065 als Wilboitissen erwähnt. Wahrscheinlich in vorgeschichtlicher Zeit besiedelt. Wildgehege. – *Scherfede* wurde 850 als Scerve urkundlich genannt. Im 30jährigen Krieg stark zerstört, 1611 wurde ein Eisenhammer angelegt, in dem bis ins vorige Jahrhundert Waldecker Roheisen zu Schmiedeeisen verarbeitet wurde.

Tourenbeschreibung Vom Parkplatz wenden wir uns sofort zur Straße, die rechts vom Bahnhof zur Schranke führt. Wir überqueren die Gleise, halten uns links in den Wald und gehen oberhalb der Gleisanlage in Richtung auf den Viadukt zu.

Kurz davor biegen wir im spitzen Winkel nach rechts ab, kommen an Wassertretbecken und Ruheplätzen vorbei. An einer Wegkreuzung in unmittelbarer Nähe des Baches gehen wir nun geradeaus in den Berg hinauf und halten uns an der nächsten Wegegabel links.

Wir kommen über den Bach hinweg und steigen immer noch weiter in den Berg hinauf. An einer unscheinbaren Wegegabel halten wir uns links weiter um die Anhöhe herum. Es geht dann rechts auf einem breiten Weg am Jägerkreuz vorbei, das den von zwei Wilderern ermordeten Förstern gewidmet ist.

Gleich darauf erreichen wir den *Opferstein Kleiner Herrgott*. Hier biegt der Weg links ab und führt auf den Kamm der *Egge* zu, wo ebenfalls ein Kreuz für ermordete Förster steht. Hier biegen wir nun rechts auf den mit »X« gekennzeichneten Eggeweg ab.

Schließlich sehen wir links, etwas erhöht, den Aussichtsturm von *Bierbaums Nagel*, der eine weite Sicht nach Osten gewährt. Wenig später passieren wir die Abzweigung nach Borlinghausen und gehen weiter geradeaus.

Wir stoßen nun auf einen Querweg, an dem rechts eine Schutzhütte steht. Kurz davor biegen wir nach rechts und gleich wieder links vom Kamm ins Tal ab. Wir folgen dabei der Kennzeichnung »zwei weiße Striche« und »ein weißer Strich«.

Nach kurzer Zeit kreuzen wir einen Forstweg. Ein Stück weiter kommen wir aus dem Wald heraus, gehen in der bisherigen Richtung weiter bis zu einer Straße, auf die wir links abbiegen. Ein Stück weiter steht rechts etwas erhöht eine Schutzhütte.

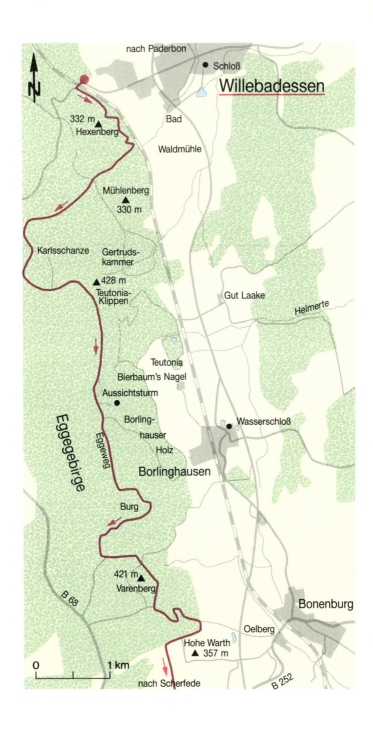

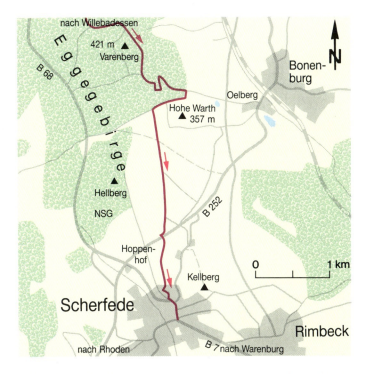

Von hier führt die Straße eine lange Strecke bergab, noch einmal an einer Schutzhütte vorbei, in Serpentinen steiler bergab bis an den Waldrand heran. Hier biegen wir rechts auf einen Feldweg ab, der gleich noch einmal nach rechts abknickt und steigt.

Links liegt nun die *Hohe Warth,* die wir langsam erklimmen und auf der Höhe an der Kreuzung links abbiegen. Es geht durch freies Feld, wo der Wiesenweg, der inzwischen befestigt ist, nun talwärts führt.

Wir kreuzen eine Straße und gehen unmittelbar auf *Scherfede* zu. Die Kirche ist schon seit langem zu erkennen. Wir kommen an der Straße nach Paderborn heraus, halten uns links und biegen rechts ab, wo wir auch zu dem Parkplatz *Am Bach* finden.

Zum Dalheimer Staatsforst

62 Schwaney – Herbram – Iggenhausen – Grundsteinheim – Ebbinghausen – Husen – Dalheim – Meerhof

Verkehrsmöglichkeiten Schwaney Bus nach Paderborn, Horn, Steinheim, Warburg, Bad Driburg, Lichtenau; von Meerhof nach Marsberg, Westheim, Paderborn, Fürstenberg, Blankenrode.
Parkmöglichkeiten In Schwaney am Marktplatz unmittelbar neben der Kirche, in Meerhof an der Laurentiusstraße gegenüber der Kirche.
Wegmarkierungen Von Herbram bis Ebbinghausen »X 2«, von Ebbinghausen bis Husen »X 3«.
Tourenlänge 30 Kilometer.
Wanderzeit 8 Stunden.
Höhenunterschiede Insgesamt 416 Meter Steigung.
Wanderkarten 1:50000 L 4318 Paderborn und L 4518 Marsberg.
Straßenkarte Generalkarte 1:200000, Blatt 9.
Wissenswertes *Schwaney* siehe Tour Nr. 48. – *Herbram* siehe Tour Nr. 49. – *Iggenhausen* siehe Tour Nr. 49. – *Husen* 1043 als »Husin in Pathergra« genannt. – *Dalheim* siehe Tour Nr. 56. – *Meerhof* hatte 1170 den Namen Ostmare, in Urkunden später auch Mare, Mari und Meere genannt.

Tourenbeschreibung Vom Parkplatz in Schwaney gehen wir zunächst in Richtung Neuenheerse, biegen dann ab in die Straße am *Stadtgraben,* die bald in *Am Saule* übergeht. Wir überqueren eine Vorfahrtstraße und steigen nun gemächlich bergauf einem Geländesattel entgegen, an den sich von links und rechts Wälder heranschieben.

Erst nach etwa drei Kilometern lassen wir die Höhe hinter uns und steigen hinab nach *Herbram.* Unser Weg mündet stumpf auf die Straße von Dahl. Wir biegen nun links ab, und gehen dann auf dem *Friedhofsweg* rechts weiter.

Kurz vor dem kleinen Friedhof mit Kapelle halten wir uns halblinks und erreichen eine Vorfahrtstraße, auf der es rechts weitergeht. Westlich vom Bach *Schmittwasser* geht es zunächst an einem unter Naturschutz stehendem Baum vorbei bergauf. Hinter der Kuppe (Punkt 294) senkt sich der Weg nach *Iggenhausen.*

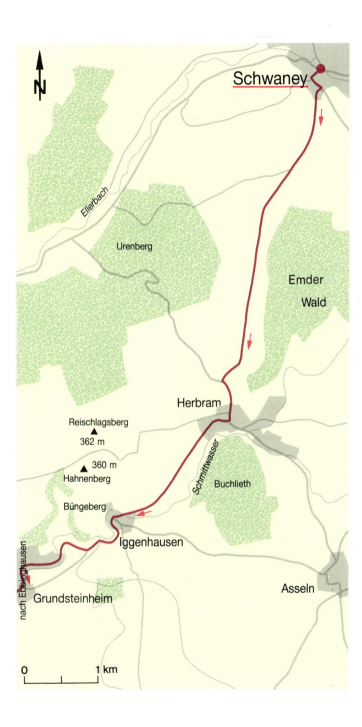

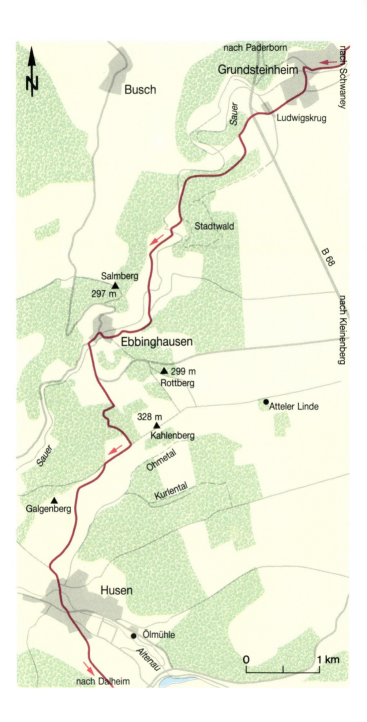

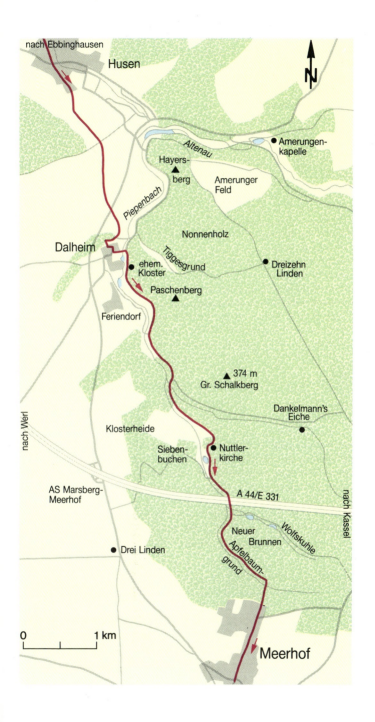

Wir gehen auf der Straße rund um die Kirche herum, der Bach fließt neben der Straße her, bis von links ein weiterer Bach einmündet. Kurz danach halten wir uns rechts an einem Steinbruch vorbei und kommen nach *Grundsteinheim* hinein und an der Kirche vorbei.

Nach einem kurzen Anstieg geht es rechts auf der *Kasseler Straße* weiter. Wir nähern uns nun langsam der B 68 und gehen links dem »X« nach durch eine Unterführung. Wir biegen dann nach knapp 300 Metern links auf einen baumbestandenen Weg ab, der als Radweg »R 49« gekennzeichnet ist.

Er geht langsam in einen fast zugewachsenen aber noch erkennbaren Weg über, der neben einer Hütte auf einen festen Weg stößt. Wir folgen hier wieder dem »X« nach rechts auf eine Brücke zu. Diese Straße zieht sich kurvenreich bis hinunter nach *Ebbinghausen.*

Im Ort halten wir uns links Richtung Lichtenau und biegen am ersten Gehöft rechts ab auf den Weg zur Höhe. Am Waldrand biegen wir rechts ab und stehen bald an einer Lichtung, die wir nach links durch unwegsames Gelände überqueren.

Sobald wir auf einen befestigten Weg stoßen, gehen wir geradeaus weiter und biegen in den ersten Waldweg rechts ab. Nach einer Steigung mündet er auf einen Wirtschaftsweg, auf dem es rechts weiter und teilweise recht abschüssig nach *Husen* hineingeht.

Wir kommen an der Kirche heraus und gehen fast gegenüber auf dem *Dalheimer Weg* weiter. Er steigt über kahle Anhöhen, mündet auf eine Hauptstraße, auf der es links und gleich hinter der Klostermauer rechts weiter geht.

Der Weg führt am Waldrand entlang, an einem kleinen Friedhof vorbei bis zu einer Wegegabel. Wir folgen hier rechts der Ausschilderung nach Meerhof. Der Weg steigt unentwegt, führt schließlich unter der Autobahn hindurch und mündet dann in einen Querweg.

Wir gehen rechts weiter durch eine Siedlung und erreichen *Meerhof,* wo wir in der *Laurentiusstraße* gegenüber der Kirche einen großen Parkplatz vorfinden.

Zum Kleinenberger Wald

63 Scherfede – Oelberg – Kleinenberg

Verkehrsmöglichkeiten Von Scherfede Bus nach Paderborn, Altenbeken, Brilon, Warburg. Von Kleinenberg Bus nach Paderborn und Warburg.
Parkmöglichkeiten In Scherfede Parkplatz am Bach, in Kleinenberg an der Hauptstraße oder am Friedhof neben der Bundesstraße.
Wegmarkierungen Senkrechter weißer Strich und Doppelstrich von der Straße zur Regentenhöhe bis zum Kamm neben der Schutzhütte, von hier nur noch senkrechter weißer Strich bis Kleinenberg.
Tourenlänge 11 Kilometer.
Wanderzeit 3 Stunden.
Höhenunterschiede Insgesamt 337 Meter Steigung.
Wanderkarte 1:50000 L 4520 Warburg und L 4518 Marsberg.
Straßenkarte Generalkarte 1:200000, Blatt 9.
Wissenswertes *Scherfede* siehe Tour 61. – *Kleinenberg* siehe Tour 54.
Tourenbeschreibung Vom Parkplatz gehen wir rechts hinauf zur *Paderborner Straße,* biegen links und dann rechts in *Auf der Platte* ab, der stark steigt. Wir bleiben auf dieser Straße bis zu einer Querstraße, biegen links und dann rechts auf die B 252 ab.

Herbstfärbung (Foto: Christina Garstecki)

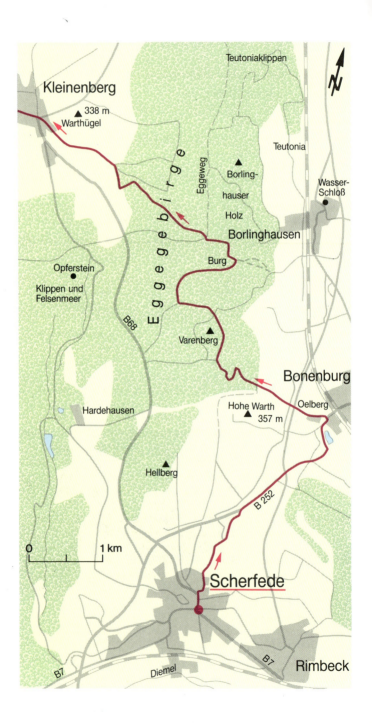

Nach knapp einem Kilometer biegen wir links in den *Grünen Weg* ab, auf dem wir *Bonenburg* erreichen. Dann geht es rechts auf dem *Schattberg* weiter. Hinter der Bake, die den Eisenbahnübergang ankündigt, biegen wir links in die Straße *Zur Regentenhöhe* ab.

Auf dieser Straße geht es bergauf, an einer Schutzhütte vorbei, hinter der wir auf der Anhöhe dann links auf eine zweite stoßen. Kaum 200 Meter weiter biegt rechts ein Weg ab und führt nach etwa 100 Metern geradeaus in den Wald.

Wir überqueren einen ausgebauten Forstweg, steigen noch einmal stark bergan und stehen nun auf dem Kamm. Links steht eine Schutzhütte. Wir gehen rechts weiter und sofort wieder links ab auf den Waldweg, der mit einem weißen Strich eindeutig nach *Kleinenberg* gekennzeichnet ist.

Durch die Stadtwüstung Blankenrode

64 Wrexen – Stuckenberg (372 m) – Papengrund – Großer Nonnenbusch – Blankenrode – Dalheim

Verkehrsmöglichkeiten Von Wrexen Bus nach Bestwig, Brilon, Warburg, Scherfede, Marsberg, Arolsen, Diemelstadt und von Dalheim Bus nach Paderborn, Marsberg und Meerhof.
Parkmöglichkeiten In Wrexen in nächster Nähe von der Bahnschranke und in Dalheim Wanderparkplatz oberhalb des ehemaligen Klosters.
Wegmarkierungen »X 3« und umgekehrtes »T« vom Bahnübergang bis oberhalb der Sandgrube, »X« und Wolfsangel von der Sandgrube bis Stadtwüstung Blankenrode, »X« und Rhombus von hier bis Wegkreuz im Papengrund.
Tourenlänge 17 Kilometer. **Wanderzeit** 4½ Stunden.
Höhenunterschiede Insgesamt 248 Meter Steigung.
Wanderkarte 1:50000 L 4518 Marsberg.
Straßenkarte Generalkarte 1:200000, Blatt 9.
Wissenswertes *Wrexen* wurde 1294 als Wreckesen erstmals urkundlich erwähnt. Neugotische Kirche 1845–47. – *Blankenrode* siehe Tour 56. – *Dalheim* siehe Tour 56.
Tourenbeschreibung Es geht sofort über die Eisenbahnlinie hinweg und auf den Waldrand zu, an dem eine Wandertafel steht. Von hier halten wir uns links am Waldrand entlang, bis wir auf den Weg zur Sandgrube treffen.

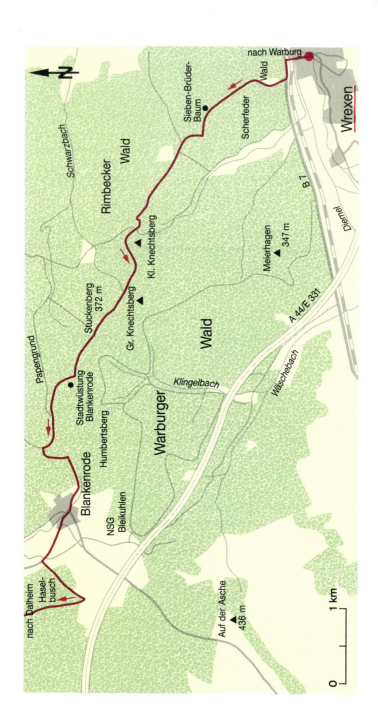

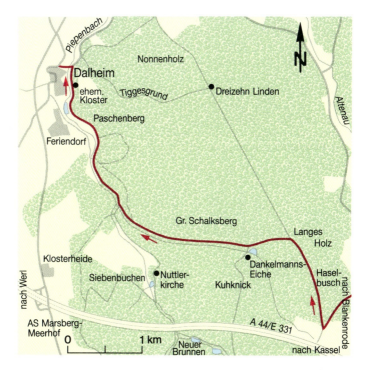

Hier halten wir uns rechts, steigen hinter der Kuhle rechts in den Berg hinauf, wo wir auf halber Höhe auf eine Wegegabel (Punkt 259) treffen. Hier geht es nun links weiter. Der Weg steigt und kommt an einer Schutzhütte heraus, wo sich der Wald lichtet und nach links einen Blick über hohe Waldungen erlaubt.

Es geht längere Zeit geradeaus dem »X« nach, an einem Hochsitz vorbei durch den Wald (Kleiner Knechtsberg, 326 m), bis sich der Weg zu einer breiteren Schneise öffnet. Kurz dahinter ein breiter Weg, auf dem wir links weiter gehen.

Wir biegen von diesem befestigten Weg nicht ab, gehen vorbei an dem Weg, der links talwärts führt, und lassen rechts die Schutzhütte liegen. Der Weg steigt nun wieder an (Stuckenberg, 372 m). Links liegt ein großer eingezäunter junger Eichenhain.

Wir folgen dem »X« durch den Wald bis an den befestigten Waldweg, gehen in bisheriger Richtung weiter, bis wir nach einer ansteigenden Rechtskurve rechts am Waldrand einen schmalen Weg mit dem Kennzeichen »X« erkennen.

Auf ihm geht es nun weiter, vorbei an einem Wanderparkplatz und links ab nach *Blankenrode*. Hier biegen wir rechts

Richtung Husen ab, kommen vorbei an dem Straßenschild »Haselbusch« und biegen auf den nächsten Weg (Kennzeichen zwei weiße waagerechte Striche) links in den Wald ab. Wir erreichen so eine querverlaufende Straße (Punkt 403), in die wir rechts abbiegen.

Im Talgrund (Langes Holz) geht es links weiter auf einer Straße, die bei ständigem Gefälle bis hinunter nach *Dalheim* führt. An der Klostermauer biegen wir links ab, steigen noch einmal kurz zum Ort und dem Haupteingang des ehemaligen Klosters hinauf, wo wir oberhalb auch auf den Parkplatz kommen.

65 Hermannsweg

Nach der Einweihung des Hermanns-Denkmals im Jahre 1875 stieg das Interesse an der Region rund um den Teutoburger Wald. So wurde dann in Detmold ein »Teutoburger Wald Verein« gegründet, der auch mit der Ausweisung und Kennzeichnung von Wanderwegen begann. Für den westfälischen Bereich und das Einzugsgebiet um Osnabrück wurde ab 1902 der »Teutoburger Gebirgsverband« tätig. Der Kammwanderweg wurde

Wandergruppe (Foto: Ulrich Schnabel)

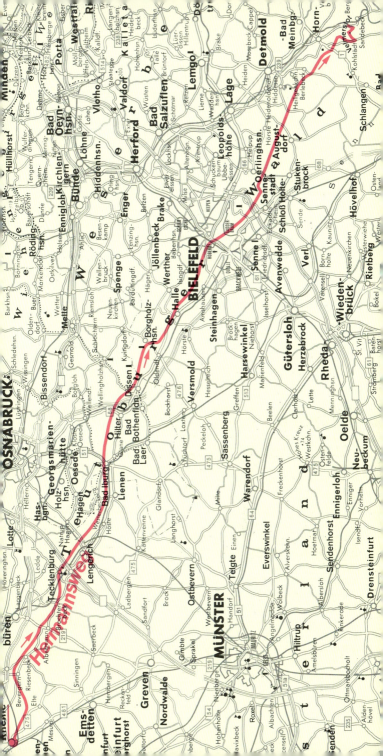

nun bald über die ganze Länge ausgewiesen und mit einem roten Kreuz gekennzeichnet. Erst 1929 hat der heutige »Teutoburger Wald Verein e. V.« (Nachfolger des Gebirgsvereins) diesen Weg in Erinnerung an Hermann den Cherusker, der 9. n. Chr. im Teutoburger Wald drei römische Legionen geschlagen hat, *Hermannsweg* genannt und ihn durchgehend mit einem weißen »H« gekennzeichnet.

In der nachfolgenden Beschreibung ist die Etappeneinteilung entsprechend dem Vorschlag des »Teutoburger Wald Vereins e. V.« beibehalten worden. Um den hier vorgegebenen Rahmen nicht zu sprengen, werden Kurzinformationen nur für Ortschaften gegeben, die der Hermannsweg tatsächlich berührt, nicht aber für solche, die rechts und links des Kammweges lediglich durch Abstecher zu erreichen wären.

Karten für den Bereich des Hermannsweges:
– Freizeitkarte Nr. 4 »Münster – Tecklenburger Land«
– Freizeitkarte Nr. 5 »Ravensberger Land«
– Freizeitkarte Nr. 6 »Lipper Land«.

Diese Karten sind genau wie weitere Informationen auch bei dem »Teutoburger Wald Verein e. V.«, Heeper Straße 126, 33607 Bielefeld, erhältlich.

65.1 Rheine – Bevergern – Bergeshövede

Verkehrsmöglichkeiten Rheine ist Bahnstation Münster – Emden, Osnabrück – Niederlande; Bus nach Coesfeld, Gronau, Ibbenbüren, Lingen, Osnabrück und Hörstel-Bevergern.
Parkmöglichkeiten In Rheine zahlreiche ausgeschilderte Parkhäuser in der Innenstadt. – Unweit Hörstel an der Bevergerner Straße der Wanderparkplatz »Nasses Dreieck«.
Wegmarkierungen Weißes »H«.
Tourenlänge 21 Kilometer. **Wanderzeit** 5 Stunden.
Höhenunterschiede Insgesamt 63 Meter Steigung.
Wanderkarte 1:50000 Freizeitkarte Nr. 4 »Münster – Tecklenburger Land«.
Straßenkarte Generalkarte 1:200000, Blatt 6.
Auskunft Verkehrsverein Rheine e. V., Bahnhofstr. 15, 48431 Rheine.
Wissenswertes *Rheine* (72000 Einw.) bereits 838 erwähnt. Sehenswert Dionysius-Kirche (Anfang 15. Jh.), der Falkenhof mit Heimatmuseum, Saline »Gottesgabe«, Schloß Bentlage, die An-

tonius-Basilika und das Tiergehege. – *Bevergern* siehe Tour Nr. 16. Auskunft erteilen August Lütkemeyer, Kirchstraße 3, 48477 Bevergern ü. Rheine, und Julius Pelster, Herrenstraße 14.

Tourenbeschreibung Wir beginnen die Wanderung auf dem Hermannsweg am Verkehrsamt in Rheine, gehen auf der *Bahnhofstraße* nach Osten und erreichen hinter dem Rathaus die *Emsstraße,* der wir nun hinunter bis zur Ems folgen.

Hier geht es rechts an einem Porzellan-Geschäft die Treppe hinunter zum *Kettlerufer* und am Ufer der Ems entlang, unter der *Ludgerusbrücke* hindurch und auf das Anglerheim zu. Wir umrunden es, nähern uns der Bahnlinie, wo wir dann an der sogenannten »Soldatenbrücke« die Treppe hinaufsteigen.

Oben angekommen, halten wir uns links und überqueren auf der Brücke neben den Gleisen die Ems. Nun geht es weiter unterhalb am Bahndamm entlang bis zur alten Bahnunterführung neben dem Industrie-Werk. Sie heißt im Volksmund »Mausefalle«. – Etwa 100 Meter hinter der Bahnunterführung überqueren wir auch die Bundesstraße 481 nach rechts und biegen links in die *Sandhövelstraße* ein. Etwa 400 Meter bleiben wir auf dieser Straße, die durch ein modernes Wohnviertel führt, um dann rechts in die *Heidackerstraße* abzubiegen.

Wir bleiben weiter auf dieser Straße, die an einer Kleingartenanlage vorbei schließlich an ein Waldgebiet heranführt. Es geht über die *Dionysiusstraße* hinweg in der bisherigen Richtung weiter durch den Wald, bis wir nach gut einem halben Kilometer vor der katholischen Kirche »St. Konrad im Walde« stehen.

Wir gehen zunächst rechts weiter, dann links an der Kirche und dem Parkplatz vorbei in den Wald hinein. Wenig später stoßen wir auf die Straße *Schwarzer Weg*. Wir biegen links ab, bleiben dann etwa 600 Meter auf der Straße neben dem militärischen Gelände bis an eine dicke Eiche heran, die links der Straße steht.

Sie ist mit dem weißen »H« gekennzeichnet. Hier biegen wir rechts in einen Waldweg ab, gehen am nächsten Wegekreuz halblinks weiter, wo der Weg schließlich auf den kleinen See *Fichten-Venn* zuführt. An der Grenze des militärischen Sicherheitsbereiches biegen wir rechts und nach 700 Metern an einer Wegekreuzung scharf links ab.

Der Weg führt aus dem Wald heraus, macht eine S-Kurve an dem ehemaligen Gehöft Feldmann vorbei, dessen Gebäude nicht mehr stehen. Kaum 100 Meter weiter biegen wir scharf rechts in einen Hohlweg ab. Nach knapp einem Kilometer kommen wir aus dem Wald heraus und an einer Birkenreihe entlang zum *Hof Overesch*.

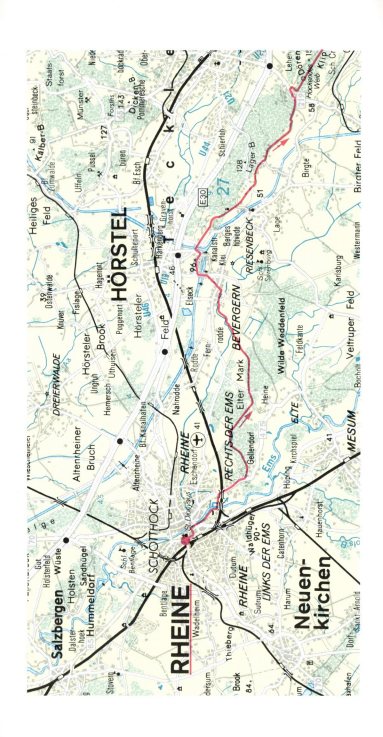

Wir lassen ihn rechts liegen, gehen etwa 500 Meter ostwärts auf einem Sandweg weiter auf eine Waldspitze zu, wo der Weg stumpf mündet. Hier halten wir uns auf der Straße rechts und erreichen die *Bauerschaft Elte-Heine* und ein rotes Trafo-Häuschen.

An dieser Stelle biegen wir links auf den *Engbertsweg* ab und stoßen nach gut 800 Metern nach einer Rechtskurve auf die *Heiner Landstraße,* auf der wir links an einem Kruzifix vorbei weitergehen. An der scharfen Linkskurve behalten wir unsere bisherige Richtung bei und befinden uns auf der Straße *Zur Saltenwiese.*

Nach etwa 350 Metern biegen wir an einer Schutzhütte halbrechts auf den birkenbestandenen *Hinterdingsweg* ab. Wir wandern nun durch das *Naturschutzgebiet Wilde Weddenfeld,* überqueren den *Gottkenweg* und erreichen nach gut einem Kilometer eine Wegesspinne.

Unser Weg mündet auf eine Asphaltstraße. Wir halten uns links zwischen zwei Bänken hindurch auf den Waldweg, kommen an Heideflächen vorbei und an eine auffällige Baumgruppe heran, die unter dem Namen »Drei Bäume« bekannt ist. Hier geht es nun noch 300 Meter durch dichten Wald, wo wir den breiten Weg nach halblinks verlassen.

In einem leichten Linksbogen geht es nun nach Nordosten an den *Surenburger Damm* heran. Wir biegen links auf ihn ab, bis die Straße nach etwa einem Kilometer einen leichten Knick nach links macht. Hier biegen wir rechts auf den Weg Richtung »Saltenhof« ab, der an einer Wallhecke entlangführt.

Sobald wir die Bevergerner Aa erreicht haben, biegen wir vor der Brücke rechts in die *Pappelallee* ab, die unmittelbar am Wasser entlangführt. Am *Saltenhof* überqueren wir den Bach erstmals nach links und gehen hinter der Brücke rechts weiter.

Es geht dann noch zweimal über den Bach hinweg, an einer Schule vorbei zum *Markt,* wo wir links bis zur Kirche von *Bevergern* weitergehen. Wir biegen hier rechts ab, überqueren dann die Hauptstraße von Bevergern nach links und gehen nach etwa 30 Metern gegenüber der Straße *Bramhorne* rechts weiter.

Wir stoßen dann auf eine Windmühle, gehen hinter ihr rechts an einer alten Gräfte entlang und erreichen einen Weiher, vor dem wir halblinks in eine Lindenallee abbiegen. An der Verkehrsstraße geht es links bergan über den Dortmund-Ems-Kanal und weiter Richtung Hörstel bis zum Fuße des *Huckberges.*

Hier steigen wir rechts hinauf, kommen an Aussichtspunkten mit Bankgruppen und dann auch an einer Schutzhütte vorbei. Am Ende des Huckberges geht es in Serpentinen bergab hin zur

Verkehrsstraße, wo wir dann auf der Brücke den Mittellandkanal überqueren. Kurz darauf haben wir am Wanderparkplatz *Nasses Dreieck* das Ziel des ersten Wegabschnitts vom Hermannsweg erreicht.

65.2 Bergeshövede – Dörenther Klippen – Brochterbeck – Tecklenburg

Verkehrsmöglichkeiten Von Bergeshövede Bus nach Emsdetten, Rheine, Ibbenbüren und Osnabrück.
Parkmöglichkeiten In Hörstel Wanderparkplatz »Nasses Dreieck«, in Tecklenburg unterhalb des Bismarck-Turmes Parkplatz an der Straße »Am Weinberg«.
Wegmarkierungen Weißes »H«.
Tourenlänge 19 Kilometer. **Wanderzeit** 4½–5 Stunden.
Höhenunterschiede Insgesamt 339 Meter Steigung.
Wanderkarte 1:50000 Freizeitkarte Nr. 4 »Münster – Tecklenburger Land«.
Straßenkarte Generalkarte 1:200000, Blatt 6.
Auskunft Stadtverwaltung Hörstel, Kalixtusstr. 6, 48477 Riesenbeck, und Tourist Information Tecklenburger Land, Meesenhof 5, 49545 Tecklenburg.
Wissenswertes Das »Nasse Dreieck« (Schnittpunkt Dortmund-Ems- und Mittellandkanal) mit der »Millionenbrücke«, die eine von 100 Unter- und Überführungen ist. – *Kloster Gravenhorst*, Zisterzienserinnen-Abtei (1256), 1623 von Truppen unter Tilly gebrandschatzt, 1808 aufgelöst. Das Klostergut seit 1822 Privatbesitz. – In *Riesenbeck* katholische Pfarrkirche mit Reinhildis Grabplatte (frühmittelalterliche Bildhauerarbeit). – *Tecklenburg* hat 9000 Einwohner. Die Stadt gilt als das Rothenburg Westfalens. Die Burg, heute Ruine, geht auf 1100 zurück. Oberirdische Teile dienen als Freilichtbühne. Torbogen am Burgberg ist 1558 errichtet worden. In der Stadt Heimathaus, Puppenmuseum und außerhalb Wasserburg Haus Marck.
Tourenbeschreibung Die 2. Teilstrecke des Hermannsweges beginnen wir am Wanderparkplatz *Nasses Dreieck,* steigen auf der Asphaltstraße bergauf durch eine kleine S-Kurve und über drei Stufen hinweg auf den *Bergeshöveder Berg.*

Wir kommen an einem Gedenkstein für den Segelflieger Robert Kronfeld vorbei, der hier am 15. 5. 29 zu einem 100-Kilometer-Langstreckenflug gestartet ist. Schließlich gabelt sich der

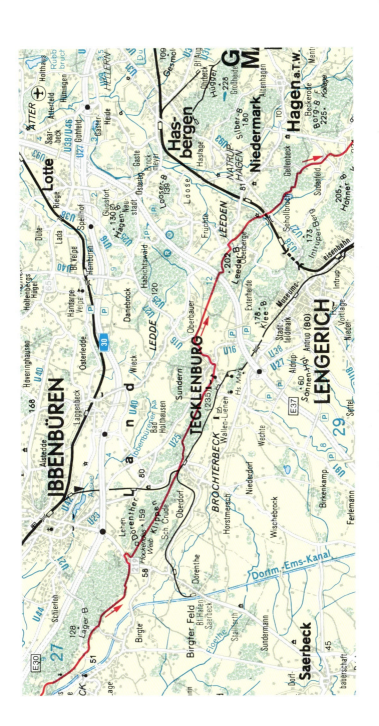

Weg, wo wir links bis zu einem Kruzifix weitergehen. Hier biegen wir rechts ab auf den alten *Passionsweg* von Riesenbeck.

Bald passieren wir den Gedenkstein »Wilhelms Ruh« und wenig später das Wasserwerk Riesenbeck. An einer Sitzgruppe mit Mühlensteinen und der Schutzhütte *Am Schinkenstein* vorbei geht es geradeaus weiter und nach einer Rechtskurve des Weges weiter auf dem Kamm entlang.

Unser Weg mündet dann stumpf. Hier biegen wir scharf rechts und nach kaum 20 Metern scharf links ab und gehen etwa 300 Meter an einem alten Wildzaun entlang. So erreichen wir den Parkplatz *Alte Poststraße* und überqueren unweit der Wegetafel die Straße nach halbrechts.

Es geht abwärts auf den Talgrund zu. Sobald wir ein Bächlein und die *Sitzgruppe Kaiserei* mit Mühlstein erreichen, biegen wir links ab und kommen an einem kleinen Fischteich vorbei. An der Wegegabel geht es rechts leicht hügelig weiter.

Es geht über einen Kamm hinweg und dann wieder talwärts bis zum *Soldatenfriedhof Brummley*. Wir halten uns hier links, gehen über einen kleinen Damm an einem Gewässer vorbei auf eine Bank zu und biegen erneut links ab.

Im Bogen wandern wir um den Berg herum, steigen schließlich wieder bergan und biegen an einer kleinen Schutzhütte mit weißer Bank rechts in einen Hohlweg ab. Dieser geht in einen Fahrweg über, der auf die Bundesstraße 219 mündet.

Wir gehen links etwa 100 Meter weiter, überqueren die Straße und gehen abwärts bis zum Kiosk des Campingplatzes, wo wir uns nach links wenden und die Dörenther Klippen aufragen sehen. Kaum 300 Meter weiter steht man dann am Fuße des *Hockenden Weibes,* dem wohl auffälligsten Felsen in diesem Gebiet.

Es geht nun langsam bergan bis zur *Almhütte,* wo sommertags Erfrischungen angeboten werden. Der Weg führt weiter bergauf, an einem Wegweiser und einer Minischutzhütte vorbei geradeaus erneut auf einen Soldatenfriedhof zu.

Wenig später erreichen wir einen Schutzpilz, wo sich gut Rast machen läßt. Nahezu eben führt der Weg weiter zur nächsten Felsgruppe, dem *Drei-Kaiser-Stuhl.* Der Weg fällt nun leicht bis nach *Brochterbeck,* wohin es noch 1½ Kilometer sind.

Der Weg führt am Westrand des Ortes vorbei, über eine Bahnlinie hinweg und an die Straße *Zu den Klippen* heran, auf die wir links abbiegen. In einem Rechtsbogen führt die Straße durch eine Siedlung an das Hotel »Teutoburger Wald« heran.

Vor dem Hotel geht es über die Straße und auch den Parkplatz hinweg bis zum Bahndamm, den man am Schild »Durchgang« überqueren kann. Es geht nun wieder bergan zum *Blücherfelsen* und nach 800 Metern scharf nach rechts zurück.

Der Weg führt auf einen Bauernhof zu, wo oberhalb eine Kapelle steht. Hinter der Kapelle geht es links bergauf und auf fast ebenem Weg weiter. Nach einem Gefälle kommen wir an ein Wegekreuz und gehen halblinks bergauf Richtung Tecklenburg weiter.

Am Ortsrand von *Tecklenburg* stoßen wir auf die Straße *Am Weinberg,* wo wir unterhalb des Bismarck-Turmes einen großen Wanderparkplatz erreichen, der als Tagesziel der zweiten Etappe gelten soll.

65.3 Tecklenburg – Stift Leeden – Bad Iburg

Verkehrsmöglichkeiten Bahnverbindungen von Ibbenbüren und Lengerich. Bus nach Lengerich, Bad Iburg, Münster und Osnabrück.
Parkmöglichkeiten In Tecklenburg Wanderparkplatz »Am Bismarck-Turm«, in Bad Iburg Großparkplatz zwischen Kurpark und Charlottensee.
Wegmarkierungen Weißes »H«.
Tourenlänge 21 Kilometer.
Wanderzeit 5–5½ Stunden.
Höhenunterschiede Insgesamt 178 Meter Steigung.
Wanderkarten 1:50000 Freizeitkarten Nr. 4 »Münster – Tecklenburger Land« und Nr. 5 »Ravensberger Land«.
Straßenkarte Generalkarte 1:200000, Blatt 6.
Auskunft Verkehrsbüro Tecklenburg, Am Markt 7, 49545 Tecklenburg.
Wissenswertes *Stift Leeden* (Ortsteil von Tecklenburg), 1240 gegründet, ehemalige Zisterzienserinnen-Abtei. 1812 aufgelöst.
Tourenbeschreibung Den 3. Abschnitt des Hermannsweges beginnen wir am Wanderparkplatz *Bismarck-Turm* und gehen auf der Straße *Am Weinberg* stadtwärts weiter. Wir passieren einen weiteren Wanderparkplatz und biegen kurz darauf links auf die schmale Straße *Am Herrengarten* ab.

An der Gabelung geht es rechts weiter treppauf und über den Burgberg hinweg bis zu einem Tor. Ab hier geht es etwa 20 Meter bergab bis zur *Schloßstraße,* auf die wir rechts abbiegen. Wir erreichen bald darauf ein Torgebäude, und dahinter den Marktplatz.

Am Brunnen vorbei gehen wir links weiter auf die Stadtkirche zu und biegen links in die *Jahnstraße* ab. Unter einer Fußgängerbrücke hindurch gehen wir geradeaus weiter und kommen wenig später am Parkplatz *Volksschule* vorbei.

Auf dem *Howesträßchen* nähern wir uns einer breiten Verkehrsstraße, die zur linken Seite *Pagenstraße* und zur rechten *Osnabrücker Straße* heißt. Wir biegen links ab und erreichen am Beginn der Linkskurve unserer Straße ein Fachwerkhaus.

Hier führt eine Treppe hinauf zu einem Feld. Wir halten uns links und erreichen bald die Straße *Hermannsweg*, die rechts an einem Fernsehturm und später an einer Schutzhütte vorbeiführt. Hier sind es nur noch knapp 100 Meter bis zu *Hermannsbrücke* über die »Hansalinie« der Autobahn.

Hinter der Brücke biegen wir scharf links ab und erreichen auf der Straße *Oberberge* das erste Haus von *Leeden* und kurz darauf auch die Kirche von *Stift Leeden,* wo wir hinter dem Stiftsgebäude rechts und nach wenigen Metern links auf eine asphaltierte Straße kommen und gelangen so zur *Rosenstraße*.

Doch schon wenig später biegen wir rechts auf die Straße *Am Fangberg* ab, die zunächst etwas bergauf führt, dann aber nach links abdreht und am Rande des Fangberges verläuft. Nach etwa 600 Metern steigen wir rechts hoch und überqueren im Wald den Fangberg und gelangen so auf die Kreisstraße 30, die wir nach links gehen. Bald erreichen wir die *Kortlücke Mühle*.

Zu Tour 22, 59, 65.3 **Schloß Bad Iburg**
(Foto: Fremdenverkehrsverband Osnabrücker Land e.V./E. Gotthardt)

Hinter dem Teich rechter Hand geht es dann über die Bahnlinie weiter zum Gasthaus »Altes Backhaus« und über die *Lengericher Straße* hinweg. Wir biegen rechts in die Straße *Am Höneberg* ab und gehen an einer Häuserzeile entlang auf der Straße weiter bis zum Campingplatz *Teutoburger-Wald-See*.

Wir müssen bis zum Eingang des Campingplatzes gehen, wo der Weg links zwischen Caravanplätzen hindurch in einem Rechtsbogen weiter aufwärts führt. Nach etwas mehr als 300 Metern biegt links ein Weg ab, auf dem wir um den Höneberg herumgehen.

Wir lassen dabei einen Bauernhof links liegen und gehen dann durch den *Hof Berelsmann,* hinter dem wir sofort die Straße Natrup/Hagen – Sudenfeld erreichen. Wir biegen rechts ab und gehen weiter bis zum Gasthaus *Hestermeyer* in *Sudenfeld*.

Der Weg führt am Gasthaus vorbei, wo wir dann scharf rechts in die Straße *Im Sundern* abbiegen. Es geht nun ein Stück leicht bergan und an der Gaststätte *Gretzmann/Striedelmeyer* vorbei auf ein kleines Bauernhaus an einer Waldecke zu.

Wir gehen scharf rechts durch den Hof weiter und kommen nach einer S-Kurve unseres Weges an eine schmale Straße heran. Wir gehen auf ihr 100 Meter links weiter, und biegen rechts ab auf den Holperdorper Steinbruch zu.

Der Weg führt rechts neben dem Steinbruch steil bergan zu dem trigonometrischen Punkt »Höhe 234« und der *Alex-Schotte-Hütte,* hinter der wir scharf rechts abbiegen. Nach gut 100 Metern durch den Wald geht es dann auf einem festen Weg weiter.

Wenig später mündet er stumpf. Hier biegen wir links ab und bleiben auf diesem Weg bis zum Parkplatz auf dem *Aldtruper Berg,* der zwischen Lienen und Holperdorp auf der Anhöhe liegt. Hinter dem Parkplatz überqueren wir die Straße Holperdorp – Lienen und gehen im Buchenwald 100 Meter geradeaus.

Wir erreichen nun einen Weg, der in sanftem Bogen nach rechts verläuft. An einem grünen Wochenendhaus im Walde vorbei führt unser Weg an die Straße Iburg – Lienen heran, auf der wir 30 Meter weiter nach links gehen.

Auf der gegenüberliegenden Seite der Straße führt unser Weg nun etwa 20 Meter durch Wald an ein altes Steinbruchgelände heran. Wir halten uns links und steigen am Waldrand leicht bergan. Auf der Anhöhe erreichen wir erneut ein Wochenendhaus und benutzen weiter den Fahrweg am Haus vorbei.

An der ersten Straßengabel geht es rechts weiter leicht bergab. Am Ende des Buchenwaldes erreichen wir eine Fahrstraße, biegen links ab und stehen dann bald am Parkplatz der Gaststätte *Malepartus,* die wintertags geschlossen ist.

Der Weg führt über den Parkplatz auf die Gaststätte zu, unmittelbar links um das Gebäude herum an eine steile Treppe heran. Unten angekommen, geht es nun rechts leicht bergan und über einen Fahrweg hinweg, weiter durch Fichtenhochwald, wo wir erneut einen Fahrweg kreuzen.

Unser Weg mündet nun auf einen Fahrweg, auf dem wir rechts weitergehen. Wir befinden uns auf dem Kammweg, der später noch an einer Schutzhütte vorbeiführt.

Noch einmal dreht dann der Weg links ab und führt auf einen schmalen Kammweg hinauf. Nach gut einem Kilometer steigen wir im Bogen vom Kamm hinab und gelangen am Hotel Felsenkeller an die viel befahrene B 51 in Bad Iburg. Wir gehen an dieser Straße etwa 300 Meter nach links und erreichen dort den Großparkplatz unweit des Charlotten-Sees, das Ziel der heutigen Etappe.

65.4 Bad Iburg – Hankenberge – Noller Schlucht – Luisenturm – Borgholzhausen

Verkehrsmöglichkeiten Bus stündlich nach Osnabrück; weitere Busverbindungen Glandorf, Münster, Warendorf, Ahlen, Bad Laer, Bad Rothenfelde, Dissen und Bielefeld.
Parkmöglichkeiten In Bad Iburg an der Philipp-Siegismund-Allee Ecke Charlottenring, in Borgholzhausen in der Ortsmitte in Parkbuchten.
Wegmarkierungen Weißes »H«.
Tourenlänge 24 Kilometer. **Wanderzeit** 6 Stunden.
Höhenunterschiede Insgesamt 472 Meter Steigung.
Wanderkarte 1:50000 Freizeitkarte »Ravensberger Land«.
Straßenkarte Generalkarte 1:200000, Blatt 6.
Auskunft Stadtverwaltung Bad Iburg, Rathaus, 49186 Bad Iburg.
Wissenswertes *Bad Iburg* (9500 Einw.) ist Kneipp Heilbad und Luftkurort. Sehenswert Burg mit Schloß (Kurverwaltung macht Führungen), ehemalige Residenz der Bischöfe von Osnabrück, gegründet 1080. Töpferei- und Uhrenmuseum. – Im *Gasthaus »Noller Schlucht«* wurde am 7. 6. 1902 der Vorläufer des Teutoburger-Wald-Vereins, nämlich der »Gebirgsverein Teutoburger Wald« gegründet.
Tourenbeschreibung Die 4. Etappe des Hermannsweges beginnen wir am Iburger Schloß, gehen die *Schloßstraße* abwärts und

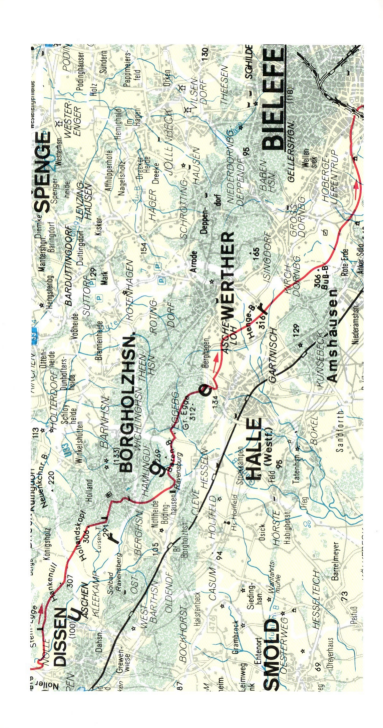

biegen vor dem lebensgroßen Denkmal des Bischofs Benno II. rechts in die Straße *Hagenberg* ab, auf der wir nach über einem Kilometer eine Wassertretstelle und den Wanderparkplatz »Freeden« erreichen.

Vor dem Buchenwald halten wir uns rechts und kommen nach einem leichten Linksbogen auf den 200 Meter hohen *Kleinen Freeden*. Wir bleiben nun weiter auf dem Kamm und erreichen auf dem 269 Meter hohen *Großen Freeden* eine Sitzgruppe. Bald führt der Weg dann vom Kamm halblinks hinab zur Schutzhütte am *Georgsplatz*.

Von hier geht es auf der asphaltierten *Freedenstraße* nach etwa 1,5 Kilometern an eine Kreuzung heran, an der wir rechts abbiegen, um wieder den Kamm zu erreichen. Wir müssen wirklich bis zur Höhe hinauf und dort links auf einen Fahrweg einbiegen.

Nach kurzer Zeit erreichen wir eine Lichtung, von der wir halbrechts abbiegen und dicht am Kamm entlang auf schmalem Pfad den *Spannbrink* passieren. Nach hügeligem Verlauf senkt sich der Weg langsam zu Tal, und nach etwa 500 Metern stehen wir dann am Waldrand.

Während der Wald links endet und den Blick über ein Kalkwerk hinweg auf einen Bauernhof links auf der Höhe freigibt, zieht sich rechts der Wald noch gute 300 Meter hin. Wir gehen nun geradeaus auf eine Deponie zu und bleiben auf diesem Weg bis zur B 68, die wir hier überqueren. Rechter Hand an der B 68 liegt das Gasthaus *Timmermeister*.

Nach dem Überqueren der Bundesstraße gehen wir weiter geradeaus über die stillgelegte Bahnlinie Osnabrück – Bielefeld und passieren die Brücke über die neue A 33 und weiter bergan auf der Straße *Am Hüls*. Nach knapp 200 Metern geht es dann halbrechts weiter auf ein Haus am Hang mit spitzem Giebel zu.

Wir steigen jedoch am Haus nicht bergan, sondern bleiben auf dem Weg, der in leichtem Bogen an einem Bauernhof vorbei zum *Hülsberg* führt. Wir erreichen nun einen Buchenwald, sehen dahinter schon einen Fichtenwald und gehen auf dessen rechte Ecke zu.

Wir benutzen den Weg, der zwischen Buchen und Fichten in südlicher Richtung verläuft. Auf schmalem Pfad vorbei an Haselnußsträuchern kommen wir erneut durch Buchenwald an den Grenzstein mit der Aufschrift »J 1777«. Hier gehen wir einige Schritte nach links und halten uns erneut wieder nach Süden.

Nach etwa 1¾ Kilometer kommen wir an den Hang des *Wehdeberges* und an eine Wegespinne (Abzweigungen nach Wellingholzhausen und Hilter), wo wir geradeaus weitergehen, kurz darauf eine Anhöhe erreichen, von der wir auf einem Zickzackweg talwärts gehen.

Bei diesem Abstieg überqueren wir einen Fahrweg und gehen weiter in den Grund hinein, durchqueren einen Fichtenwald, an dessen Ende wir rechts auf einen Fahrweg abbiegen und so die *Noller Schlucht* erreichen, durch die die Straße von Wellingholzhausen nach Dissen verläuft.

Am ehemaligen Gasthof *Noller Schlucht* vorbei geht es über die Straße hinweg zwischen zwei Wirtschaftsgebäuden hindurch auf eine Waldecke zu. Kurz davor wenden wir uns nach rechts, wandern am Waldrand entlang bis an einen asphaltierten Weg.

Bald führt uns der H-Weg links ab und im Bogen mal nach links, mal rechts zum 212 Meter hohen Petersberg. Ab hier halten wir uns nach Osten und kommen über die 252 Meter hohe Schollegge hinweg zur Steinegge mit dem Fernsehturm bei Dissen, der bestiegen werden darf. Von hier hat man eine wundervolle Aussicht!

Von hier geht es auf dem Grat des Berges weiter nach Osten, bis wir eine Wegekreuzung erreichen (Abzweige zum Beutling und nach Melle). Für uns geht es über den *Hankenüll* geradeaus an historischen Grenzsteinen mit dem Zeichen »P« (Königreich Preußen) und »H« (Königreich Hannover) vorbei weiter, dann an einer Schutzhütte vorbei bis hin zum *Sauplatz,* wo wir unsere bisherige Richtung nicht ändern.

Zu Tour 30, 65.6 **Jugendherberge Bielefeld**

(Foto: Deutsches Jugendherbergswerk)

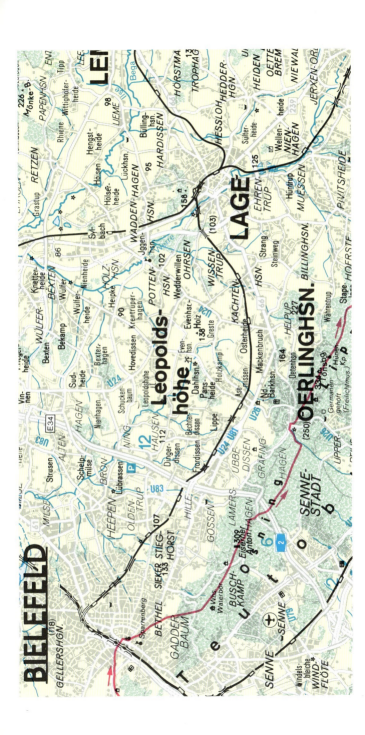

An einem eingezäunten früheren militärischen Bereich und an zwei Windkrafträdern vorbei stoßen wir am Eingang dieses Geländes auf eine befestigte Straße und treffen nach 400 Metern auf eine Kreuzung. Auch hier behalten wir die bisherige Richtung bei, steigen leicht bergan und stehen auf der *Johannisegge* am Luisenturm.

Hinter dem Aussichtsturm geht es halbrechts bergab. Wir stoßen auf einen Fahrweg, halten uns links und gleich wieder rechts. Sobald wir den Wald verlassen haben, führt ein Fahrweg am Feld entlang, auf dem wir talwärts nach *Borgholzhausen* kommen. An einer Tankstelle überqueren wir die Hauptstraße und gehen auf der *Freistraße* geradeaus zur Stadtmitte.

65.5 Borgholzhausen – Ravensburg – Schwedenschanze – »Peter auf'm Berge« – Hünenburg – Tierpark Olderdissen – Bielefeld

Verkehrsmöglichkeiten Bahnstation Strecke Bielefeld – Dissen/Bad Rothenfelde. Bus nach Bielefeld und Münster.
Wegmarkierungen Weißes »H«.
Tourenlänge 27 Kilometer. **Wanderzeit** 6½–7 Stunden.
Höhenunterschiede Insgesamt 728 Meter Steigung.
Wanderkarte 1:50000 Freizeitkarte Nr.5 »Ravensberger Land«.
Straßenkarte Generalkarte 1:200000, Blätter 6 und 9.
Auskunft Stadt Borgholzhausen, Rathaus, 33829 Borgholzhausen.
Wissenswertes In *Borgholzhausen* gotische Kirche aus dem 15. Jahrhundert mit Altaraufsatz. Nordostwärts Wasserschloß Haus Brinke und südlich Burg Ravensberg.
Tourenbeschreibung Zur 5. Etappe des Hermannsweges folgen wir in Borgholzhausen dem Kennzeichen »H« auf der *Finkenau,* von der wir rechts in die *Dr.-Wilhelm-Upmeyer-Straße* abbiegen. Es geht dann links auf dem *Jammerpatt* weiter, der in den *Barenbergweg* übergeht.

So gelangen wir zwischen einem Bauernhof und einer Bauschutt-Deponie an den Waldrand heran. Im Wald geht es in einem Linksbogen aufwärts, wo wir dann auch kurz darauf an der *Ravensburg* stehen. Etwa 100 Meter vor dem Eingang zur Burg biegen wir links auf einen Weg ab, der um die Burg herumführt.

Der Weg fällt dann, knickt unterhalb des Burgberges nach rechts ab und führt auf eine Häusergruppe zu. Hier überqueren wir eine schmale Straße und bleiben auf einem Schotterweg, der ständig steigt, etwa 1 Kilometer am Südhang des *Barenberges*.

Sobald dieser Weg links in den Grund hineinführt, biegen wir auf den unbefestigten Weg nach rechts ab, der ostwärts an eine Schutzhütte heranführt. Wir gehen geradeaus an der Hütte vorbei auf festem Weg ins *Hesseltal* hinab, erreichen eine Fahrstraße und überqueren sie.

Gleich hinter dem *Hesselbach* steigen wir dann wieder halbrechts bergauf. An dem Hochspannungsmast am Waldrand biegen wir scharf nach links ab. Nach etwa 100 Metern führt der Weg an einer rohbehauenen Bank und einem Tisch vorbei.

Wir erreichen nach steilem Anstieg die *Haller Egge*. Auf diesem Stück sollte man aufmerksam sein, um die Einstiege zum Hermannsweg an den Abzweigungen nicht zu verpassen. Der Weg steigt dann mäßig und führt wenig später an einem Funkmast vorbei auf die Höhe 312.

Unser Weg fällt nun auf einen Steinbruch zu und mündet links abwärts auf einen Holzabfuhrweg. Hier halten wir uns rechts und gehen auf eine Schutzhütte zu und links an ihr vorbei. Der Weg geht in einen asphaltierten über, auf dem wir durch eine Häusergruppe talwärts gehen.

So stoßen wir auf die alte Landstraße von Halle nach Borgholzhausen und gehen rechts parallel zur neuen Umgehungsstraße Richtung Halle weiter. Auf der alten Straße kommen wir unter der Brücke hindurch, hinter der wir sofort nach links abbiegen. – So erreichen wir nun eine Waldecke, wo der Hermannsweg rechts bergauf weiterführt. Er knickt jedoch schon bald nach rechts ab, führt an einem Gedenkstein und an einen Aussichtspavillon auf der Bergkuppe vorbei, der den Beinamen »Kaffeemühle« trägt.

Unser Weg führt geradeaus weiter, überquert eine schmale Straße, knickt dann nach links ab, um gleich darauf parallel zur Straße links aufwärts an einen Kotten heranzuführen. Hier macht unser Weg einen Bogen nach rechts und führt am Gedenkstein für Walther von der Vogelweide vorbei.

Im Talgrund wenden wir uns nach links, gehen am Hang ständig bergauf um den halben *Storkenberg* herum, bis wir am Waldrand eine Schutzhütte erreichen. Von hier kommen wir auf einem Grasweg talwärts an eine Straße (Berghagen) heran, der wir rechts abwärts bis zur Straßenkreuzung »Grüner Weg« folgen. Diese Straße gehen wir nach links bergan bis zu dem kleinen Wanderparkplatz *Werther Schanze,* wo der Aufstieg auf den

Hengeberg beginnt. Auf der Höhe kommen wir an der *Hengeberg-Hütte* vorbei und erreichen nach etwa drei Kilometern ein Wegekreuz, steigen erneut steil bergan und kommen am »Bußberg« an eine Schutzhütte, die *Schwedenschanze* genannt wird.

Durch eine kleine Senke geht es dann weiter auf den *Palsterkamper Berg* hinauf. Der Weg wird langsam ebener und kreuzt schließlich am Hotel-Restaurant *Peter auf'm Berge* die Straße von Bielefeld nach Steinhagen. Es geht rechts an der Gaststätte vorbei weiter durch Fichtenhochwald.

Freilichtmuseum Germanengehöft in Oerlinghausen

So erreichen wir nun die *Hünenburg* und den weithin sichtbaren Fernsehturm, der mitten in einer auch heute noch schwach erkennbaren alten germanischen Wallburg errichtet wurde. In südöstlicher Richtung gehen wir weiter und kommen nach einem Schlenker nach rechts zur *Stapenhorst-Hütte,* die nach einem Bielefelder Oberbürgermeister benannt ist.

Weiter geht der Weg bergab zu einer Wegespinne. Wir biegen rechts ab bergauf und dann bergab zu einem asphaltierten Weg.

Hier halten wir uns links zum *Heimattierpark Olderdissen,* durch den der Hermannsweg unmittelbar hindurchführt.

Unterhalb von Olderdissen führt der Weg erneut an einen Teich heran, der in Bielefeld *Stauweiher* heißt. Hier überquert man eine Straße, steigt leicht nach halbrechts bergan zur nächsten Straße, auf die wir rechts abbiegen. Hinter einem Kiosk auf der rechten Seite gehen wir rechts zum *Johannisberg* weiter.

An einem Hotel vorbei erreichen wir ein Plateau, wo sich der Hermannsweg links an einer Mauer entlangschlängelt. An einem Pavillon vorbei kommt man an eine Treppe, die zur *Hochstraße* hinunterführt.

Am Ende biegen wir rechts in eine Unterführung ab, gehen hinter der Unterführung 100 Meter bis zur *Alfred-Bozi-Straße,* überqueren sie und stehen bald darauf vor dem Ratsgymnasium am *Nebelswall,* dem Endpunkt der heutigen Etappe.

65.6 Bielefeld – »Habichtshöhe« – Eiserner Anton – Oerlinghausen

Verkehrsmöglichkeiten Bahnstation, Omnibusbahnhof.
Parkmöglichkeiten In Bielefeld an der Dornberger Straße neben dem Kiosk, in Oerlinghausen im Einzugsbereich der Kirche.
Wegmarkierungen Weißes »H«.
Tourenlänge 15 Kilometer. **Wanderzeit** 3½ Stunden.
Höhenunterschiede Insgesamt 165 Meter Steigung.
Wanderkarte 1:50000 Freizeitkarten Nr. 5 »Ravensberger Land« und Nr. 6 »Lipper Land«.
Auskunft Tourist Information Bielefeld, Am Bahnhof 6, und Neues Rathaus, Niederwall 23, 33602 Bielefeld.
Wissenswertes *Bielefeld* siehe Tour Nr. 30.
Tourenbeschreibung Den 6. Abschnitt des Hermannsweges beginnen wir am Ratsgymnasium, gehen an der Front des Gebäudes entlang weiter über den »Lutter-Bach«, der hier noch zu sehen ist, und erreichen die *Kreuzstraße.*

Es geht am *Spiegelschen Hof* vorbei und an der Ampel über die Kreuzstraße hinweg zur *Sparrenburg* hinauf. Nach einem Besuch der Burg geht es in ostwärtiger Richtung über die breite Promenade hinweg und an einem Muschelkalkfelsen vorbei.

Der Weg steigt ganz langsam, führt an einem Plateau vorbei und macht schließlich einen Bogen nach rechts. Hinter einem kleinen Teich liegt die Gaststätte *Brands Busch.* Hinter einer Senke führt der Weg nun links zu einer Häusergruppe, vor der sich der Weg gabelt. Wir gehen geradeaus weiter und in den Wald hinein. Hier entdecken wir eine auffallende Steinreihe, die zu einem Sandsteinblock führt. Eine Inschrift besagt, daß hier der 52. Breitengrad nördlicher Breite verläuft.

Erneut geht es geradeaus weiter und leicht nach rechts bergab, wo wir dann die *Bodelschwinghstraße* kreuzen. Gleich hinter der Kreuzung steht rechts das bei den Bielefeldern als »Habichtshöhe« bekannte Gasthaus.

Unser Weg führt weiter bergauf. Bevor wir in den Wald hineingehen, lassen wir rechter Hand das »Teutoburger-Wald-Heim« liegen. Der Hermannsweg führt nun halblinks bergauf und langsam an eine Wegespinne heran. Auch hier geht es geradeaus weiter und bergan.

Bei der »Höhe 294« führt der Weg an einem Steinbruchgelände vorbei, das jedoch weitgehend mit Abraum gefüllt und mit Bäumen bepflanzt worden ist. Inzwischen fällt der Weg nun langsam, führt an eine Treppe heran, auf der wir die Straße erreichen, die vom Bielefelder Ortsteil Sieker zur Senne hinüberführt.

Auf der anderen Straßenseite liegen die Gaststätten *Eiserner Anton* und *Hubertus,* zwischen denen es nun bergan zum Aussichtsturm *Eiserner Anton* weitergeht, der auf der »Höhe 309« steht. Im weiteren Verlauf passieren wir ein militärisches Areal und eine Pumpstation der Wasserwerke Bielefeld.

Wenig später kommen wir an einer Schutzhütte vorbei und an eine kurze Treppe heran, wo es bergab geht. Es folgt dann ein Stück ebener Weg bis zu einem Hochspannungsmasten. Hier führt eine Treppe scharf nach rechts zu einer Straße hinab.

Hier biegen wir links ab, überqueren die Autobahn und gehen bis zum Gasthaus *Deppe* weiter. Hinter dem Wirtshausgarten biegen wir scharf nach rechts zurück ab und wandern nun parallel zur Autobahn südlich des Teutoburger Waldes weiter.

In einem leichten Bogen nach links führt der Weg zunächst aufwärts und schlängelt sich dann auf halber Höhe des Hanges weiter und schließlich scharf abwärts nach Süden. Wir kommen nun in den *Markengrund,* durch dessen Schneise eine Hochspannungsleitung verläuft. Wir gehen bis zur asphaltierten Straße *Wandweg* und unterqueren nach rechts gehend die Hochspannungsleitung und folgen dem geschotterten Weg. Bald taucht links an der nun wieder asphaltierten Straße ein Wohnhaus auf. Kurz danach folgen wir der Straße nach rechts. Wir gehen auf den Wald zu und biegen links auf den geschotterten Weg ein.

Neben einem Quellgebiet des *Menkhauser Baches* steigen wir bergan und erreichen die neue Umgehungsstraße von *Oerling-*

hausen, wo wir sofort nach der Unterführung links weitergehen, wir überqueren nochmals eine Straße und gehen auf einem schmalen Fußweg dann weiter bis zur Kirche.

65.7 Oerlinghausen – Dörenschlucht – Donoper Teiche – Hermannsdenkmal

Verkehrsmöglichkeiten Bahnstation an der Strecke Bielefeld – Lage, Bus nach Bielefeld und Detmold.
Parkmöglichkeiten In Oerlinghausen im Einzugsbereich der Kirche, am Hermannsdenkmal großer bewachter Parkplatz.
Wegmarkierungen Weißes »H«.
Tourenlänge 15 Kilometer.
Wanderzeit 3½–4 Stunden.
Höhenunterschiede Insgesamt 345 Meter Steigung.
Wanderkarte 1:50000 Freizeitkarte Nr. 6 »Lipper Land«.
Straßenkarte Generalkarte 1:200000, Blatt 9.
Auskunft Lippe-Reiseservice, Rathausstr. 9, 33813 Oerlinghausen.
Wissenswertes Oerlinghausen hat 15000 Einwohner, Stadt der Segelflieger mit größtem Segelflugplatz Europas. Sehenswert sind die evangelische und katholische Kirche, sowie die ehemalige Synagoge. Skulpturen im Weberpark, alte Bürgerhäuser und ein archäologisches Freilichtmuseum.
Tourenbeschreibung Die 7. Etappe des Hermannsweges beginnen wir im Einzugsbereich der Kirche, wo man vom Parkplatz über eine Treppe und in Fortsetzung auf steiler Straße zum Grat des *Tönsberges* hinaufgeht.

Dort kommen wir an den Stumpf einer alten Windmühle heran, der allgemein als *Kumpstonne* bekannt ist und zum Wahrzeichen von Oerlinghausen avancierte. Unser Weg führt zunächst am Berggasthaus *Tonsberghöhe* vorbei zum Ehrenmal des Lothringischen Infanterieregiments Nr. 145. Es wurde zu Ehren der Gefallenen dieses Regiments im 1. Weltkrieg errichtet. Wenige Schritte hinter dieser Gedenkstätte befindet sich der trigonometrische Punkt »Höhe 333«. Der Weg führt weiter über den Kamm, vorbei an einem Gedenkstein für Hermann Löns.

Wir kommen nun an einer Fliehburg vorbei, hinter der unser Weg langsam nach rechts hinabführt. Wenige Schritte hinter einer Kastanie stoßen wir auf einen Fahrweg und gehen fast geradeaus weiter am Südhang der *Huneckenkammer* entlang.

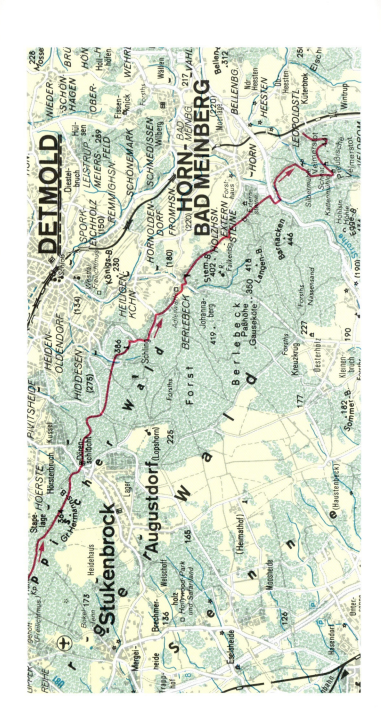

Nach knapp 500 Metern mündet der Weg stumpf. Wir steigen rechts leicht bergan und erreichen hinter einer Kuppe eine Wegegabel, wo wir auf dem mittleren Weg leicht bergab weitergehen. Nach 150 Metern gehen wir auf dem linken geradeausführenden Weg weiter bis zu einer Wegekreuzung, die wir schon nach 200 Metern erreichen.

Ein Stein mit den Buchstaben »BP« verweist auf eine hier liegende Leitung der Bundespost. Auf diesem fast geradeaus führenden Weg bleiben wir bis zu einer Schneise, in die wir links abbiegen. Wenig später passieren wir eine Schutzhütte, die in der *Stapelager Schlucht* steht.

Während die Schneise langsam schmaler wird, zeigt sich der Weg nun gelegentlich befestigt. Am nächsten Stein mit den Buchstaben »BP« führt unser Weg ein klein wenig nach rechts ab und wird nun recht sandig. Doch schon bald ist er wieder befestigt und führt auf einen Fahrweg zu.

Wir überqueren diesen Fahrweg, gehen ein wenig nach rechts bergauf und dann wieder links bergab, wo der Weg erneut sandig wird. Hinter einem Aussichtspunkt kommen wir an eine Wegegabel und gehen auf dem rechten Weg weiter bergan.

Wir folgen dann einem sandigen Fahrweg, von wo aus man schon die Gaststätte »Bienenschmidt« erkennen kann, die wir links liegen lassen. Hier führt unser Weg oberhalb der Gaststätte in einem Linksbogen weiter.

Wir erreichen einen sandigen Weg, der ein paar Schritte bergan führt, dann oberhalb eines Feldes verläuft und nach 200 Metern bei einer dicken Buche einen Fahrweg erreicht, auf den wir rechts abbiegen. Wo der Fahrweg rechtwinklig nach links abknickt, gehen wir geradeaus weiter.

Im Buchenwald geht es dann leicht bergauf und bergab und nahezu immer geradeaus. Am Nordrand dieses Weges kommen wir an einem Trimm-Pfad vorbei. Wir verlassen diesen Weg nicht, bis wir an eine Wegegabel kommen, an der wir dem linken Weg folgen, an dem auch der Trimm-Pfad entlangführt.

Wir folgen nun dem Weg, der bald nach etwas Gefälle eine Straße erreicht, die von Hörste zur Dörenschlucht führt. Unmittelbar rechts an der Straße steht auch eine Schutzhütte. Jenseits der Straße geht es am linken Weg weiter, der teilweise befestigt ist und an eine Lichtung führt. – Hier halten wir uns links zu den Fichten hin. Sobald der Weg fest wird und ansteigt, biegen wir rechts ab. Auch hier steht wieder ein Stein der Bundespost. Ab hier verläuft unser Weg nun in Schlangenlinien zu Tal.

Unweit von einem Wochenendhaus entspringen die *Rethlager Quellen*. Wir gehen oberhalb dieses Hauses weiter, um einen kleinen Quellteich herum bis zum Campingplatz, durch den unser Weg bis zum Rethlager Bach weiterführt. An der Brücke mit den zwei Fichten biegen wir rechts in die *Quellenstraße* ab.

Linker Hand haben wir noch immer den Campingplatz und erreichen an dessen Ende eine Wegegabelung. Hier geht es geradeaus durch Sand und über Wurzeln hinweg zunächst bergan an die Straße Detmold – Augustdorf heran.

Wir überqueren die Straße und gehen halblinks auf einen Hügel zu und damit fast parallel zur Straße weiter. Oberhalb einer Wiese, mit Blick auf Pivitsheide, geht es geradeaus auf eine Waldecke und Straße zu, wo das Freibad *Fischerteich* liegt.

Hier biegen wir scharf rechts ab. Dort, wo der Zaun des Freibades vorspringt, halten wir uns etwa 350 Meter links am Zaun entlang bis hin zum Campingplatz. Am Ende des Platzes biegt unser Weg halbrechts in den Wald ab.

Hinter einer Wegekreuzung mündet unser Weg in einen festen Fahrweg, führt an einer Bank vorbei, neben der ein Hydrant steht, zu einer Wegegabel, an der wir uns rechts halten. Nach etwas Gefälle erreichen wir erneut einen Fahrweg. Nach knapp 100 Metern stehen wir an einem großen Wegekreuz.

Hier gehen wir geradeaus an einem Jagenstein mit den Nummern 44 und 45 vorbei und verlassen diesen Weg, der leicht fällt, zunächst nicht. Dort, wo ein Weg aus einer Sandgrube herausführt, gehen wir geradeaus bergan an einer alten Düne vorbei und erreichen den Parkplatz vor dem Hotel *Forstfrieden*.

Wir gehen über den Parkplatz und die Straße hinweg und rechts am Hotel vorbei wieder in den Wald hinein. Neben der Straße führt unser Weg zu einem zweiten großen Parkplatz. Hier halten wir uns links und stehen gleich darauf am *Donoper Teich*.

Wir gehen nun am Teich entlang und dann rechts aufwärts am Ufer des Teiches bergan. Der Weg führt ein Stück unmittelbar am Bachrand entlang, den wir jedoch an dem nächsten Steg endgültig verlassen und geradeaus wieder bergan gehen.

Als nächstes erreichen wir den *Krebsteich,* gehen links an ihm vorbei, an einem Bach aufwärts und über einen Steg bergan durch eine Kieferngruppe. Wir nähern uns einer Straße, vor der sich unser Weg gabelt.

Wir gehen auf dem rechten Weg weiter, überqueren die Straße Hiddesen – Lopshorn und folgen dem breiten Fahrweg weiter geradeaus. Nach etwa 350 Metern erreichen wir eine große Sitzgruppe, hinter der ein Reitweg entlangführt.

Wir bleiben weiter auf dem Fahrweg, der leicht bergan und an einer Schutzhütte vorbeiführt. Ohne diese Richtung zu ändern erreichen wir das *Heidental,* überqueren eine schmale Asphaltstraße, gehen etwa 100 Meter weiter und links über einen Bach hinweg. Hinter dem zweiten Haus biegen wir dann rechts vom Fahrweg ab.

Wir steigen steil bergauf in südlicher Richtung. Die nächste Straße überqueren wir nun schräg nach rechts, um links in einen breiten, ansteigenden Fahrweg abzubiegen. In der ersten Rechtskurve dieses Weges biegen wir links ab zum Hermanns-Denkmal hinauf.

Wir kommen an einem alten Steinbruch vorbei, der durch Draht gesichert ist und steigen auf einem schmalen Steig bergauf. Nach etwa einem Kilometer stoßen wir auf einen Fahrweg, den wir überqueren.

Auf der Anhöhe geht es an der Sitzgruppe rechts nach Südosten weiter bergan auf das *Hermannsdenkmal* zu, das wir kurz darauf erreichen. Unweit des Denkmals steht die Ernst-von-Bandel-Hütte, in der ein kleines Museum eingerichtet ist. Wir halten uns links zum Parkplatz hin, womit das Ziel der 7. Etappe erreicht ist.

65.8 Hermannsdenkmal – Berlebeck – Externsteine – Silbermühle – Velmerstot – Leopoldstal

Verkehrsmöglichkeiten Hermanns-Denkmal nur mit Auto zu erreichen, Leopoldstal mit Bahn- und Busverbindung.
Parkmöglichkeiten Am Hermanns-Denkmal Großparkplatz, in Leopoldstal Wanderparkplatz an der Leopoldstaler Straße neben dem Sportplatz.
Wegmarkierungen Weißes »H«.
Tourenlänge 24 Kilometer.
Wanderzeit 6 Stunden.
Höhenunterschiede Insgesamt 349 Meter Steigung.
Wanderkarte 1:50000 Freizeitkarte Nr. 6 »Lipper Land«, 1:25000 »Hermannsland« der Grünen Reihe.
Straßenkarte Generalkarte 1:200000, Blatt 9.
Wissenswertes *Berlebeck* hat eine Adlerwarte, in der 80 Greifvögel aus aller Welt zu finden sind.
Auskunft Verkehrsamt Detmold, Rathaus, Postfach 61, 32756 Detmold. Verkehrsamt Heiligenkirchen. Verkehrsamt Hiddesen (Kurverwaltung Hiddesen GmbH).

Tourenbeschreibung Vom Plateau der *Grotenburg* führt der Weg zwischen Gaststätte und Kiosk auf einen großen Parkplatz zu, wo wir an der Westseite an einer Hecke entlang und auf dem Fußweg neben der *Denkmalstraße* weitergehen.

Knapp einen Kilometer bleiben wir neben der Straße, die an einem Parkplatz vorbeiführt. Hier überqueren wir nun die Straße zu einer Sitzgruppe hin und benutzen den Fußweg, der auf der anderen Straßenseite rechts abwärts führt.

Sobald die Straße eine Linkskurve macht, überqueren wir die Straße und halten uns schräg nach links auf einen Weg zu, der sich dann am halben Hang entlangzieht und etwas ansteigt. An der nächsten Wegegabel biegen wir links ab in Richtung auf die Ruine der ehemaligen Gaststätte *Hangstein* zu.

Wir lassen das Gebäude links liegen, gehen rechts weiter bis zur Wegegabel *Hangsteinstraße/Pulverweg* und biegen links in den *Pulverweg* ab. An der nächsten Wegegabel halten wir uns rechts in die Straße *Am Hahnberg,* die in den *Adlerweg* übergeht.

Wir kommen an den Zäunen der am Abhang stehenden Häuser vorbei, gehen nun auf die »Adlerwarte Berlebeck« zu, wo der Weg unterhalb steil bergab führt. So erreichen wir in Höhe des Cafés *Sonneneck* eine Straße, biegen links ab und stehen nach wenigen Schritten an der *Berlebecke*.

Wir gehen vor dem Bach links weiter und bleiben auf dem Fußweg neben dem Bach, bis er zu einer Straße hinaufführt, die wir dann auch überqueren. Dort gehen wir geradeaus auf der Straße *Am Kindergarten* weiter, kommen am Kindergarten und einer Kirche vorbei, wo der schmale Weg steigt und einen Schlenker nach links macht.

Er führt dann gleich rechts auf eine Straße zu, auf die wir links abbiegen. Nach wenigen Schritten geht es am ersten Haus auf der rechten Straßenseite rechts auf einem breiten Waldweg weiter und gleich darauf an einer grün-weißen Schranke vorbei.

Wir folgen diesem Weg bis zur ersten Wegegabel und biegen links an dem Fahrweg ab. An einem Funkmast vorbei steigen wir weiter bergauf. Der Weg verläuft dann eben und gabelt sich. Wir steigen rechts weiter langsam zum Gipfel des Stemberges an.

Am Südosthang erreichen wir einen Stein mit dem Namen *Vogeltaufe,* wo es nun links weiter bergab nach *Holzhausen-Externsteine* hineingeht. Wir erreichen eine schmale Straße, in die wir rechts abbiegen.

An der nächsten Ecke halten wir uns links und kommen am Waldrand an den *Kneippweg* heran, dem wir nach rechts bis zum

Hotel *Bärenstein* folgen. Vor dem Hotel steigen wir links zu einem Sandsteinrücken hinauf, wo einige Sitzgruppen zur Rast einladen.

Am abfallenden Hang geht es dann durch Buchenhochwald in leichter S-Kurve bis an einen Teich heran, neben dem sich die Externsteine erheben. Wir gehen ganz um den Teich herum, dann weiter durch das Felsentor und nach wenigen Schritten links steil bergan auf den Knickhagen.

Links des Weges passieren wir ein kleines Plateau, das schöne Aussichten gewährt. Allmählich fällt der Weg und macht einen Linksbogen. Auf halber Höhe biegen wir links in einen Weg ein, der uns wenig später zum Gedenkstein für Hermann Löns führt.

Sobald unser Weg nun eben wird, treffen wir auf den mit »X« gekennzeichneten *Eggeweg*. Wir biegen rechts ab und erreichen in der Nähe des Hotels »Waldschlößchen« die B 1. Wir biegen jedoch vor ihr nach rechts auf einen Parkplatz ab.

Etwa in der Mitte des Parkplatzes führt der Weg halblinks unter der B 1 hindurch und nach einer Linkskurve über die Straße Horn – Altenbeken hinweg. Unser Weg macht eine S-Kurve und folgt dann wieder der alten Trasse des Hermannsweges.

Auf dem breiten Fahrweg geht es aufwärts am Südholz entlang. Unser Weg wird schließlich eben und fällt dann zum *Silberbachtal* ab. Hinter einem Parkplatz liegt dann die *Silbermühle* mit Teich. Wir gehen nun den Silberbach aufwärts durch ein romantisches Tal in Richtung *Kattenmühle* (früheres Gasthaus), wo wir kurz vorher nach links bergan steigen und einen asphaltierten Weg erreichen. Auf ihm biegen wir links ab und steigen nach etwa 300 Metern rechts ziemlich steil bergauf.

Von hier führt der Weg einen knappen Kilometer durch Fichtenhochwald, dann aus dem Wald heraus über Felsen hinweg zum Gipfel der lippischen *Velmerstot,* der immerhin 441 Meter über NN liegt und damit höchster Punkt des Teutoburger Waldes ist.

(Nach erreichen dieses Zieles bietet der nahegelegene Ort Leopoldstal Verkehrsmöglichkeiten an. Man erreicht ihn wie folgt: Von der Bergkuppe geht man an einer Schutzhütte vorbei nach Nordosten. Der Schutzhütte gegenüber steht der »Konstantin-Mehring-Stein«. Am Steinbruch vorbei geht es steil bergab zu einem Fahrweg, der hinunter zum Bahnhof Leopoldstal führt. Dieser Weg ist etwa drei Kilometer lang und in der Gesamtstrecke von 24 Kilometer enthalten.)

66 Wittekindsweg

Der *Wittekindsweg* wurde nach dem Sachsenherzog Wittekind benannt, der sich im 8. Jahrhundert erbitterte Kämpfe mit Karl dem Großen lieferte. Wittekinds Ruhm wird heute noch wachgehalten durch die nach ihm benannten Burgen im Nettetal bei Osnabrück und bei der Porta Westfalica. Der Sachsenherzog wurde 785 in Attingy getauft und liegt in Enger in der Dionysius-Kirche begraben.

Der gut 90 Kilometer lange Wanderweg führt von Osnabrück zunächst recht flach nach Norden bis zum Teilungspunkt Mühlenort, wo die bisherige Wege-Kennzeichnung mit dem Andreaskreuz praktisch durch das weiß-rote Rechteck bis zur Porta Westfalica ersetzt wird. Am »Teilungspunkt Mühlenort« knickt der Weg nach Osten ab über die Höhen des Wiehengebirges hinweg bis hin nach Minden.

Zum Wittekindsweg gibt es übrigens zwei Varianten. Der *Erich-Gärtner-Weg* führt von Osnabrück über Belm, Schledehausen und Buer an den Wittekindsweg heran und führt ein weißes + als Wegmarkierung.

Die nördliche Variante führt als Kammweg von *Barkhausen* über *Preuß.-Oldendorf* und *Limberg* zur Schutzhütte *Glösinghausen*. Als Wegmarkierung wird das weiß-rote Rechteck durch einen senkrechten roten Strich im weißen Feld ergänzt.

Teutoburger Wald (Foto: Ulrich Schnabel)

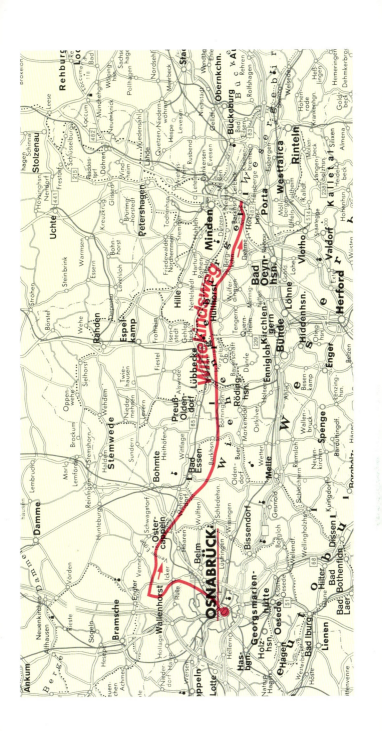

Die nachfolgende Aufteilung des Wanderweges in drei Teilabschnitte ist lediglich als Vorschlag zu verstehen, der nach eigenem Ermessen jedes Wanderers abgeändert werden kann. In der Beschreibung der Teilabschnitte wird jeweils darauf verwiesen, wo weitere, detaillierte Auskünfte zu erhalten sind. Die Hinweise auf Übernachtungsmöglichkeiten entlang des Wittekindsweges sind als Auswahl anzusehen und beruhen auf Informationen des »Wiehengebirgs-Verbandes Osnabrück«. Weiterreichende Informationen sind beim Verband, Bierstraße 25, 49074 Osnabrück, oder dem Städtischen Verkehrsamt, Markt 22, 49074 Osnabrück, zu erfragen.

66.1 Osnabrück – Rulle – Kloster Rulle – Ostercappeln

Verkehrsmöglichkeiten In Osnabrück Bahnstation der Strekken Hannover – Niederlande, Hamburg – Köln, Köln – Wilhelmshaven und Osnabrück – Bielefeld. Busverbindung Münster, Bielefeld und Umkreis. Omnibusbahnhof am Bahnhof. – Ostercappeln Bahnstation Strecke Osnabrück – Bremen; Busverbindungen mit Osnabrück und Diepholz.
Parkmöglichkeiten In Osnabrück zahlreiche ausgeschilderte Großgaragen in der Stadt. – In Ostercappeln Wanderparkplatz auf dem Kamm und unweit der Gaststätte »Am Kapellenberg«.
Wegmarkierungen Weißes Andreas-Kreuz von Osnabrück bis zum »Teilungspunkt Mühlenort«, ab da weiß-rotes Rechteck.
Tourenlänge 28,5 Kilometer. **Wanderzeit** 7–7½ Stunden.
Höhenunterschiede Insgesamt 250 Meter Steigung.
Wanderkarten Naturparkkarte 1:50000 Osnabrücker Land, Nördlicher Teutoburger Wald und Wiehengebirge.
Straßenkarte Generalkarte 1:200000, Blatt 6.
Auskünfte Städtisches Verkehrsamt, Markt 22, Osnabrück.
Übernachtungsmöglichkeiten *Osnabrück* Hotel Riemann (garni), DJH, Hotel Klute; *Wallenhorst-Rulle* Hotel-Café zur Wittekindsburg, Hotel Lingemann; *Belm-Vehrte* Naturfreundehaus (Anmeldung erforderlich, Selbstverpflegung), Hotel Kortlücke; *Ostercappeln* Hotel Kapellenberg, Hotel Wortmann.
Wissenswertes *Osnabrück* hat etwa 160000 Einwohner und wurde 785 von Karl d. Gr. zum Bischofssitz erhoben. 889 erhielt die Stadt Markt- und Zollrecht sowie eine Münze. 1147 erstmals als Stadt erwähnt, verlieh Kaiser Barbarossa der Stadt Befestigungsrecht. Im 13. Jahrhundert Mitglied der Hanse und von

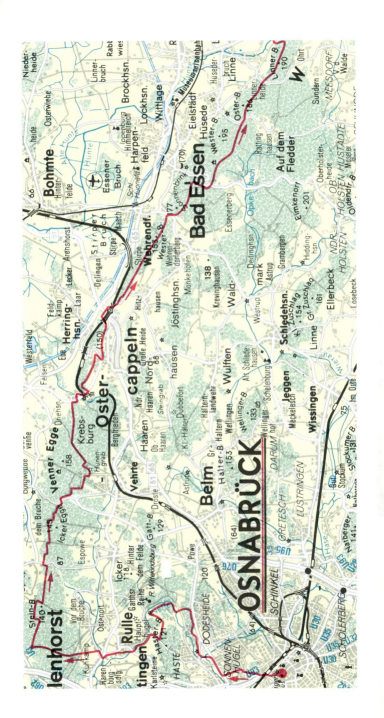

1643–1648 Ort der Verhandlungen zum Westfälischen Frieden. Seit 1970 Universitätsstadt. Zahlreiche Sehenswürdigkeiten wie Rathaus, Dom, Stadtwaage, Residenzschloß, Kirchen und alte Bürgerhäuser. – *Kloster Rulle* (nordwestlich des Ortes Rulle) entstand 1244 durch Verlegung des Haster Zisterzienserklosters, das 1803 aufgelöst wurde. In der heutigen Wallfahrtskirche sind drei Kirchbauten verschachtelt. – Der *Süntelstein* ist ein aufrecht stehender Findling. Man nimmt an, daß es sich hier um eine urgeschichtliche Opferstätte handelt. – Die *Krebsburg,* in der ersten Hälfte des 18. Jahrhunderts erbaut, war einst eine hufeisenförmige Wasserburg. – *Ostercappeln* gilt als eines der ältesten Kirchdörfer im Osnabrücker Land. Die Lambertkirche (1873) besitzt romanischen Wehrturm. Sehenswerte Ausstattung.

Tourenbeschreibung Vom *Marktplatz* aus gehen wir, dem Rathaus den Rücken kehrend, zunächst auf den Dom zu und biegen links ab in die *Hasestraße*. Hinter der *Hasebrücke* biegen wir links ab, wo linker Hand leicht erhöht die *Viti-Schanze* liegt.

Hier überqueren wir den *E.-M.-Remarque-Ring* nach rechts zur Eisenbahnunterführung hin, gehen auf der *Hansastraße* unter ihr hindurch und biegen unmittelbar am Ende der Unterführung rechts in die *Ziegelstraße* ab.

Es geht nur ein kleines Stück an der Mauer des Bahndammes entlang und dann halblinks auf einem Fußweg leicht bergauf. Am Ende dieser kleinen Allee geht es links weiter zum Bürgerpark, wo der Weg parallel zum *Senator-Wagner-Weg* verläuft.

(Foto: Fremdenverkehrsverband Osnabrücker Land)

Zu Tour 59, 66.1 **Stadtansicht von Osnabrück**
(Foto: Verkehrsamt der Stadt Osnabrück)

Der Weg knickt dann im Park leicht nach rechts ab, führt an einer Aussichtsplattform vorbei und halblinks weiter bergab an dem »Städtischen Alten- und Pflegeheim« vorbei. Hier befinden wir uns bereits auf der *Veilchenstraße,* die schließlich stumpf auf die *Süntelstraße* mündet.

Wir biegen rechts ab und laufen an der Friedhofsmauer entlang. Die *Süntelstraße* geht schließlich in die *Hügelstraße* über. An der abknickenden Vorfahrt gehen wir geradeaus weiter bis zu einem Kinderspielplatz, halten uns hier links und biegen dann links in die *Erzbergerstraße* ab.

Wir gehen bis zu einem hell verklinkerten Haus weiter und biegen hier zwischen zwei Garagen nach rechts ab in die *Julius-Schurig-Straße*. Nach der Linkskurve biegen wir sofort rechts ab und bleiben auf der Straße, bis sie stumpf mündet.

Wir biegen rechts in den Fußweg *An de Brehem* ab, der an eine Hauptstraße heranführt. Wir biegen etwa 30 Meter nach links ab, überqueren die Hauptstraße und gehen nun gegenüber auf dem Weg *An der Nette* neben dem Bach entlang weiter.

Wir kommen dann an Kleingärten vorbei und an einer Mauer entlang, an deren Ende wir links abbiegen und uns erneut der Nette nähern. Wir kommen schließlich an eine Brücke heran, lassen sie jedoch links liegen und gehen auf dem geschotterten Weg weiter am Bach entlang.

Wir überqueren nach links eine kleine Holzbrücke, um weiter an der Nette zu bleiben und erreichen dann unweit von »Nackte Mühle« eine Hauptstraße. Wir biegen rechts ab und halten uns noch vor der Rechtskurve links in die Straße *Hoheresch*.

Diese Straße macht sofort eine Rechtskurve, in deren Scheitelpunkt wir links über das Feld abbiegen und auf eine Baumreihe zugehen. So kommen wir erneut an die *Nette* und zwei Teiche heran und setzen unseren Weg nach rechts fort.

Wir erreichen nun bald den Wald, folgen dem »X« an einem grünen Zaun entlang und kommen halblinks weiter an einen Feldrain heran. Wir halten uns links und folgen der Rechtskurve des Weges auf die nächste Waldnase zu.

Hier gehen wir wenige Schritte nach links in den Wald hinein und biegen rechts auf den mit »X« gekennzeichneten Weg ab. Dieser führt zum Schluß am Waldrand entlang und an eine Straße heran, auf die wir rechts abbiegen.

An der nächsten Straßengabel gehen wir halblinks weiter der Ausschilderung *Vehrter Landstraße* nach. Wir passieren ein Fachwerkhaus und gehen auf einem Rasenweg weiter am Zaun entlang. Am Ende des Zaunes halten wir uns halblinks auf ein Haus mit beigefarbenem Giebel vor dem Waldrand zu.

Der Weg mündet am Waldrand stumpf. Wir biegen links ab und halten uns an der ersten Wegegabel erneut links. Dieser Weg macht eine Rechtskurve und fällt. Nach einer Linkskurve führt er aus dem Wald heraus auf ein großes Anwesen zu.

Von unserer Straße, die *Im Hollen* heißt, biegen wir vor dem Anwesen nach rechts ab, kommen an den Resten eines Hünen-

Zu Tour 59, 66.1 **Osnabrück, Rathaus mit Stadtwaage**
(Foto: Verkehrsamt der Stadt Osnabrück)

grabes vorbei und biegen dann links ab in die Straße *Am Forellenteich.* So erreichen wir den Wanderparkplatz *Nettetal.*

Hier biegen wir rechts ab, kommen an einem kleinen Wehr vorbei und folgen dem Weg an der Nette entlang, der gleichzeitig Wald-Trimmpfad ist. Nach einer Linkskurve steigt der Weg kurz an, fällt dann aber erneut bis auf Bachhöhe.

Unser Weg führt an einer kleinen Brücke vorbei bis zu einer Wassermühle. Zwischen ihr und der Gaststätte *Knollmeyer* führt nun eine schmale asphaltierte Straße bergan und macht eine Linkskurve.

Dort, wo unsere Straße nun einen leichten Linksknick macht, biegen wir rechts ab an einem Hochleitungsmast vorbei, an dem das Wegekennzeichen »X« angebracht ist. Die Straße heißt *Im Hohn* und fällt bis zur Straße *Hasterberg,* wo wir rechts auf den Fußweg neben der Straße abbiegen.

Wir nähern uns erneut der Nette, überqueren sie auf einer Brücke, kommen an einem Klärwerk vorbei und halten uns nun links am großen Parkplatz in die Straße *Am Haupthügel.* Die Straße führt am Südwestrand von *Rulle* entlang.

Gegenüber vom *Höhenweg* können wir links neben der Nette weiter entlanggehen. Bei der Gaststätte »Zum Eichengrund« nähert sich der Weg erneut der Straße, führt aber sofort wieder links durch die Nette-Aue an eine Straßenbrücke heran.

Wir überqueren die Straße, gehen ein Stück durch den Mischwald und folgen dem nach rechts abknickenden Weg auf das Kloster Rulle zu. Wir überqueren den Parkplatz vom Friedhof und haben linker Hand das *Kloster Rulle* liegen.

Auf der Straße *Am Nonnenpfad* kommen wir am *St.-Johannis-Haus* vorbei, gehen weiter geradeaus auf der *Klosterstraße* und hinter den letzten Häusern erneut über die Nette hinweg an die bevorrechtigte *Ruller Straße* heran. Gegenüber geht es auf einem Fußweg weiter, der auf eine Straße mündet.

Wir biegen rechts auf diese Straße ab und halten uns nach etwa 100 Metern links auf eine Schotterstraße, die an den Waldrand zum »Pius-Berg« hinaufführt. Wir ändern unsere Richtung nicht, merken daß der Weg langsam wieder steigt und erreichen hinter einer größeren Lichtung halblinks am Waldrand einen breiten Waldweg, auf den wir rechts abbiegen.

Wir kommen nun an der *Paul-Voßkühler-Hütte* vorbei und ändern unsere bisherige Richtung nicht eher, bis wir hinter einer kleinen Wegekreuzung eine Lichtung passiert haben. Hier überqueren wir einen Bach und halten uns nun halblinks.

Auf zum Teil sandigem Weg erreichen wir hinter einer Schutzhütte den *Teilungspunkt Mühlenort,* wo wir rechts auf den Weg abbiegen, der nun ab hier mit der eigentlichen Markierung des *Wittekindsweges,* nämlich dem weiß-roten Rechteck, gekennzeichnet ist.

Unser Weg steigt an einem Gehöft vorbei zum Wald hin an. An der ersten Wegegabel halten wir uns weiter geradeaus und an der folgenden dann rechts weiter bergauf. Inzwischen befinden wir uns schon gut 130 Meter über NN, kommen an einem Rastplatz mit mehreren Bänken vorbei und gehen zwischen Wildzäunen entlang über eine freiere Fläche.

Am Ende des Wildzaunes auf der linken Seite knickt der Weg nach links ab. Er mündet nach 100 Metern stumpf, wo wir nun rechts abbiegen. So erreichen wir den Wanderparkplatz *Steinberg,* biegen rechts auf die *Ruller Straße* ab und halten uns hinter der Höhe unweit der Richtungsbaken links auf einen Schotterweg.

Wir wandern nun streckenweise durch Wald und sehen unweit einer Birkenreihe eine Häusergruppe. Kurz darauf ist der Weg nun befestigt und führt an Wiesen und Waldrändern entlang. Wir kommen nun zur Straße Engter/Belm und biegen links ab.

Nach etwa 200 Metern biegen wir hinter dem Schild »Wasserschutzgebiet« rechts ab und kommen an einer kleinen Sitzgruppe und wenig später an einem alleinstehenden Haus vorbei. Wir gehen auf eine Waldnase mit einer Bank davor zu, wo unser Weg nach kurzem Gefälle stumpf mündet.

Zu Tour 59, 66.1 **Osnabrück, Heger Tor** (Foto: Stadt Osnabrück)

Wir biegen rechts ab und folgen der Linkskurve des Weges. Es geht nun durch dichteren Wald und an eine Lichtung heran, wo der Weg stumpf mündet. Wir biegen rechts und nach 100 Metern an der Bank links ab. Dieser Weg führt wieder durch Mischwald und steigt langsam an.

Wir kommen an einer Lichtung vorbei, wo links eine Bank steht, und erreichen schließlich die *Vehrter Hütte*. Wir biegen rechts ab und halten uns nach kaum 100 Metern, ehe das Gefälle beginnt, links am Wildzaun entlang.

Auf dem nun folgenden Stück schlängelt sich der Weg durch Wald und über Lichtungen, knickt dann an der Bank nach rechts ab, führt aber gleich darauf am nächsten Weg links weiter. An der Kreuzung mit den dicken Steinen biegen wir rechts ab zum Wanderparkplatz *Süntelstein*.

Wir überqueren nun die Straße, halten uns rechts und gehen neben der Straße einher. Von der Linkskurve der Straße biegt der Weg links in den Wald ab und verjüngt sich zu einem schmalen Pfad. Neben einer grünen Bank kreuzt er dann einen breiteren Weg und führt geradeaus weiter.

Sobald unser Weg zu einer S-Kurve ansetzt, gehen wir in der ersten Kurve geradeaus weiter auf einem Trampelpfad, der jedoch ausreichend gekennzeichnet ist. Auf ihm kommen wir an dem *Süntel-Stein* vorbei und am Waldrand erneut auf einen breiten Weg.

Wir biegen links ab und halten uns nach 100 Metern, rechts liegt ein dicker Stein, nun rechts. Der Weg führt zwischen Wildzäunen hindurch und in den Wald hinein. Er knickt dann nach rechts ab und ist verhältnismäßig schmal, führt an eingezäunter Wiese entlang, knickt dann aber nach halblinks ab.

Wir kommen nun auf das Freigelände des *Naturfreunde-Hauses* und am Haus selbst vorbei, erreichen hier eine Straße und biegen links ab. Wir gehen am Waldrand entlang, kommen am Friedhof von Vehrte vorbei und erreichen die *Vehrter Bergstraße*.

Wir überqueren sie und gehen geradeaus auf der *Engelriede* weiter. Sobald die Straße neben einer Sitzgruppe stumpf mündet, biegen wir rechts auf die Straße *Wittekindsweg* ab. Wir biegen dann links ab auf die beiden Häuser zu, halten uns aber vor der Einfahrt links zum Waldrand hin.

Hier biegen wir rechts ab, halten uns dann links, und an der Sitzgruppe erneut links durch den Wald. Wir kommen an einer Schonung entlang und dann knickt unser Weg fast im rechten Winkel nach rechts ab. Nach etwas Gefälle mündet der Weg stumpf.

Wir gehen nun links weiter und haben eine Steigung zu überwinden. Auf diesem Weg kreuzen wir eine Wegegabel, wo der rechte Weg mit einer bunten Barriere versperrt ist. Auf der Anhöhe schließlich geht es an der Wegegabel rechts weiter.

Auf einem breiten Waldweg kommen wir nun an die *Krebsburger Hütte* heran und gehen rechts an ihr vorbei. Der Weg senkt sich langsam und führt über eine Lichtung hinweg. Auf halber Höhe führt er am Hang entlang und nach einer leichten Linkskurve auf eine Häusergruppe zu, die etwas tiefer rechts im Wald liegt.

Hier knickt nun der Weg nach rechts ab und führt an einer rot-weißen Barriere vorbei, dann zwischen einem Fachwerkhaus und einer alten Baumgruppe hindurch talwärts. Unser Weg beschreibt eine S-Kurve, rechter Hand liegt die Krebsburg, und mündet stumpf auf die Hauptstraße Osnabrück – Bohmte.

Am Wanderparkplatz *Krebsburger Mühle* überqueren wir die Straße, gehen links weiter an Fischteichen vorbei und biegen rechts ab über den Mühlgraben hinweg und an der *Krebsburger Mühle* vorbei. Hier führt der Weg halbrechts weiter zunächst an der Nette entlang.

Auf diesem Weg kommen wir wieder an die Hauptstraße heran, biegen links ab und unterqueren die Eisenbahnbrücke. Unmittelbar dahinter biegen wir erneut links ab und haben einen beachtlichen Anstieg vor uns. Es geht über eine Straße hinweg halblinks weiter nahe an die Bahnlinie heran.

Auch hier steigt der Weg weiter und führt dann halbrechts erneut bergauf über eine Holzbohle im Weg hinweg und kurz darauf an zwei rohbehauenen Bänken vorbei weiter in den Wald hinein. Auf der Höhe nähern wir uns durch den Wald langsam Ostercappeln.

Wir überqueren eine Fahrstraße und erreichen bald linker Hand die ersten Häuser des Ortes. Rechts im Wald, etwas erhöht, stehen nur wenige Meter auseinander zwei Kapellen. Es geht nun rechts ein paar Schritte auf dem *Kapellenweg* weiter, von dem wir nach links in die *Bergstraße* abbiegen.

Wir kommen an der Gaststätte *Am Kapellenberg* vorbei und biegen an dem Wanderparkplatz mit der Schutzhütte nach rechts ab. Auf diesem Weg gehen wir weiter bergab in den Ort *Ostercappeln* hinein, wo der erste Abschnitt des *Wittekindsweges* nun auch endet.

66.2 Ostercappeln – Bad Essen – Barkhausen – Rödinghausen – Kahlewart

Verkehrsmöglichkeiten Ostercappeln Bahnstation Strecke Osnabrück – Bremen; Busverbindungen mit Osnabrück und Diepholz. – Lübbecke ist Bahnstation an der Strecke Bünde – Bassum; Bus nach Bünde, Löhne, Bad Oeynhausen, Minden, Herford und Osnabrück.
Parkmöglichkeiten In Ostercappeln Wanderparkplatz auf dem Kamm und unweit der Gaststätte »Am Kapellenberg«. – In Oberbauerschaft Großparkplatz Kahlewart auf dem Berg.
Wegmarkierungen Weiß-rotes Rechteck.
Tourenlänge 33 Kilometer
Wanderzeit 7½–8 Stunden.
Höhenunterschiede Insgesamt 700 Meter Steigung.
Wanderkarten Naturparkkarte 1:50000 Osnabrücker Land, Nördlicher Teutoburger Wald und Wiehengebirge und L 3716 Lübbecke.
Straßenkarte Generalkarte 1:200000, Blatt 6.
Auskünfte Gemeindeverwaltung Ostercappeln, Gilebrede 1.
Übernachtungsmöglichkeiten *Bohmte-Herringhausen* Gasthaus Stollmeyer; *Bohmte-Leckermühle* Gasthof Niemann; *Bad Essen* DJH, Altes Berghaus, Waldhotel Rögge, Hotel Friedenshöhe; *Rattinghausen* Gaststätte Bergwirt Pöhler; *Melle-Oberholsten* Pension Waldesruh; *Bad Essen-Barkhausen* Gaststätte Spieker; *Rödinghausen* DJH, Gaststätte »Zum alten Wrangel«, Gaststätte Zum Nonnenstein, Pension Oberschultenhof, Pension Haus Wiehenperle, Pension Michaelis; *Börninghausen* Hotel Waidmannsruh; *Lübbecke-Obermehnen* Café und Weinstube zum Rebstock; *Oberbauerschaft* Hotel Kahle Wart.
Wissenswertes *Bad Essen* ist Sole-Heilbad mit alten Fachwerkhäusern. 1088 erstmals erwähnt. Nikolaus-Kirche stammt aus dem 14. Jahrhundert. – *Barkhausen* mit St.-Martins-Kirche aus dem 13. Jahrhundert, die im 18. Jahrhundert erweitert wurde. Altar von 1671 und alte Wandmalereien. Im Steinbruch, nahe der Hunte, Saurier-Spuren aus der Zeit von vor 140 Millionen Jahren. – Bei *Thörenwinkel* grünschimmernder See im Wald. – *Rödinghausen* ist altes Kirchdorf. Kirche mit figurenreichem Schnitzaltar von 1520. – Aussichtsturm auf dem *Nonnenstein*, einem Berg, der früher zum Kloster Herford gehörte. – *Oberbauerschaft* unterhält Laienspielgruppe, die auf der Freilichtbühne Kahlewart plattdeutsche Stücke aufführt.

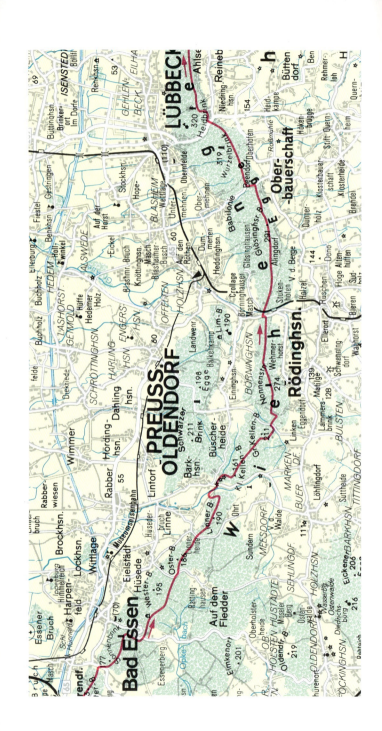

Tourenbeschreibung Vom Wanderparkplatz auf der Anhöhe von Ostercappeln gehen wir auf den Sportplatz zu, an der Schmalseite entlang und biegen links ab, um an der Längsseite des Sportplatzes weiterzugehen. So erreichen wir den nächsten Wanderparkplatz *Hopfenbrede*.

Wir passieren nun ein Kriegerdenkmal und können auf einer Fußgängerbrücke die Straße überqueren, die von Ostercappeln nach Norden führt. Wir gehen geradeaus durch den Wald weiter und biegen hinter einem alleinstehenden Haus nach rechts ab.

Es geht ein kurzes Stück mit Gefälle über eine Wiese hinweg und wieder in den Wald hinein. Im Wald knickt dann der Weg nach rechts ab und führt an eine kleine Asphaltstraße heran, auf die wir links abbiegen. Wir bleiben auf dieser Straße, die unter der Bahnlinie hindurch an die Hauptstraße heranführt.

Unser Weg führt ein Stück parallel zur Hauptstraße weiter, die wir dann in Höhe des Hotels Niemann überqueren. Wir kommen an dem Lagerplatz einer Holzhandlung vorbei und erreichen eine bevorrechtigte Straße, auf die wir rechts abbiegen. Sie führt erneut unter der Bahnlinie hindurch.

Sofort hinter der Unterführung biegen wir links auf einen Waldweg ab, der mit einer hölzernen Barriere gesperrt ist. Von hier haben wir etwa drei Kilometer nach anfänglich stärkerer Steigung vor uns zum »Stirper Berg« und der Höhe 154. Der Weg führt dann an einem Feldrain vorbei unter zwei Hochspannungsleitungen hindurch.

Zu Tour 66.2, 68 **Bad Essen, Alte Wassermühle**

(Foto: Kurverwaltung Bad Essen)

Kurz darauf mündet unser Weg auf einen Querweg, auf den wir links abbiegen. Es geht zunächst etwas bergan, dann gut 150 Meter über freies Feld wieder auf einen Waldrand zu. Hier geht es auf befestigtem Weg in der bisherigen Richtung weiter.

Schon kurz darauf kommen wir an ein Weidengatter, wo linker Hand die *Wehrendorfer Hütte* steht. Es geht zunächst an dem Zaun entlang und mit leichtem Gefälle dann weiter durch dichteren Wald. Wo das Gefälle dann stärker wird, weist ein Pfeil nach links durch den Wald.

Der Weg führt zunächst parallel zum Hohlweg und knickt dann nach links ab. Auch hier handelt es sich streckenweise um einen Hohlweg, der dann auf die Straße Wehrendorf – Mönkehöfen mündet. Wir überqueren die Straße und gehen über den *Wanderparkplatz Ellerngrund* weiter.

Am Ende des Parkplatzes führt der Weg in einer Rechtskurve bergauf. Der Weg steigt leicht und gabelt sich. Wir gehen auf dem linken weiter und passieren bald darauf die *Hermannshütte*. Auf diesem Weg erreichen wir schließlich eine rot-weiße Schranke, hinter der wir rechts abbiegen.

Wir kommen an einer Klinik vorbei und erreichen erneut eine Straße. Wir gehen rechts weiter, passieren die Gaststätte *Altes Berghaus* und überqueren kurz darauf eine Straße, um gegenüber auf einem Fuß-/Radweg weiterzugehen.

Wir kommen nun an die *Bergstraße,* überqueren sie, gehen an einem Parkplatz und kurz darauf an *Haus Sonnenwinkel* vorbei weiter durch den Wald, wo der Fußweg neben einem breiten, nicht befestigten Waldweg entlangführt. – Der Weg ist jetzt auf der ganzen Strecke relativ eben, führt dann an einen Querweg heran, wo auf der rechten Seite die *Scherenhorst-Hütte* steht. Einige Zeit später überqueren wir noch einmal einen Waldweg, wo wir an Stallungen und einem Gehöft vorbeikommen.

Wenig später geht es auf asphaltiertem Weg weiter geradeaus unter einer Hochspannungsleitung hindurch. Wir überqueren dann eine Straße und gehen geradeaus auf einem Feldweg weiter, der eine leichte S-Kurve beschreibt.

Gleich am Anfang des Waldes erreichen wir eine Wegegabel und gehen rechts weiter. Wir kommen nun an der *Friedeberg-Hütte* vorbei und haben ein längeres Gefälle vor uns. Wir stoßen dann auf die Straße Linne – Meißheide und überqueren sie.

Es geht über einen kleinen Bach hinweg und gleich bergauf bis an einen Querweg heran. Hier gehen wir etwa 20 Schritte nach rechts und haben einen sehr steilen Anstieg zum *Linner Berg* vor uns. Auf der Höhe 176 halten wir uns zunächst links und erreichen dann eine Wegegabel.

Wir gehen auf dem linken geschotterten Fahrweg weiter, bis er eine Linkskurve macht. Hier behalten wir unsere bisherige Richtung bei und benutzen einen schmaleren Waldweg, der nach einiger Zeit wieder auf die geschotterte Waldstraße stößt.

Wir folgen dieser Straße talwärts und halten uns dort, wo sie stumpf mündet, links. Wir erreichen eine rot-weiße Schranke und wenig später eine asphaltierte Straße. Wir biegen rechts ab, bleiben bis zur ersten Linkskurve auf dieser Straße und halten uns nun rechts auf einen Weg, der am Waldrand entlangführt.

Dieser Weg mündet stumpf und gibt hier Gelegenheit, einen Abstecher nach rechts zu machen, wo wir nach etwa 200 Metern in einem Steinbruch Saurier-Fußspuren betrachten können. Wir bleiben nun auf dem Weg, der aus dem Steinbruch herausführt und überqueren wenig später die Hunte.

Hier biegen wir links auf die Hauptstraße ab und halten uns hinter dem *Wanderparkplatz Saurierfährten* sofort wieder rechts. Schon nach wenigen Metern gabelt sich der Weg. Wir gehen rechts weiter und dann links erneut steil bergan.

Unser Weg knickt nun einmal rechts und bald darauf wieder links ab bis auf den *Kleinen Kellenberg* hinauf. Wir erreichen dann eine schmale asphaltierte Querstraße, überqueren sie, lassen die Schutzhütte rechter Hand liegen und haben bis zur Höhe 191 einen erheblichen Anstieg vor uns.

Der Weg verengt sich schließlich zu einem Waldpfad, ist jedoch gut gekennzeichnet und dreht dann im Wald mit leichtem Gefälle nach rechts ab. Am Waldrand erreichen wir eine Häusergruppe, gehen links daran vorbei und auf einer Straße talwärts bis zur *Kellenbergstraße*.

Wir biegen links ab und erreichen nach einer Kurve eine Hauptstraße, die ebenfalls *Kellenbergstraße* heißt. Wir biegen links ab und halten uns nach etwa 200 Metern rechts in den Berg hinein. Unser Weg mündet stumpf auf einen Querweg, auf den wir rechts abbiegen. – Nach knapp 100 Metern biegen wir angesichts einer rechts liegenden Hofgruppe links in den Wald ab. Es geht steil bergauf bis an einen Querweg, auf dem es links weiter bergauf geht. Unweit einer grünen Bank knickt der Weg nach rechts ab und führt auf einen Sendemast zu.

Am Sendemast stehen an der Wegegabel zwei Bänke. Wir biegen auf den linken ab, auf dem wir einen Querweg erreichen. Wir halten uns rechts und biegen vor der Schutzhütte nach links Richtung Nonnenstein ab. Wir kommen an einen Aussichtsturm und wenig später am Bismarck-Denkmal vorbei.

Der Weg hat nun etwas Gefälle und bietet auf etwas freieren Stücken gute Aussicht nach Norden in Richtung Preußisch-Oldendorf. Dann geht es auf einen geschotterten Waldweg bergab bis an eine scharfe Rechtskurve heran, wo der Wittekindsweg geradeaus als Waldweg weitergeht.

Unser Weg mündet auf einen anderen Waldweg, auf dem wir halblinks weitergehen. An der Schutzhütte biegen wir links ab und halten uns etwa 10 Meter vor dem nächsten Querweg rechts auf einen Weg, der durch Laubwald führt und einen Querweg erreicht, auf dem wir halblinks weitergehen.

Wir nähern uns einer Bank, wo der Weg nach halblinks abdreht und an Gefälle zunimmt. Der Weg mündet stumpf und es geht links weiter bergab. Nach einiger Zeit erreichen wir die Straße Holzhausen – Ennigloh, überqueren sie nach halblinks und biegen hinter dem letzten Haus rechts ab.

Die Straße macht eine Rechtskurve und führt an eine Eisenbahnbrücke heran, die wir nach links überqueren. Hier geht es geradeaus weiter hinauf in den Berg. Wir kommen an eine rotweiße Barriere, hinter der der Weg ziemlich scharf nach rechts abknickt. – Etwa 1 Kilometer ist der Anstieg bis zur Höhe 243 lang. Danach verläuft der Weg etwas ebener, steigt aber dennoch weiter an. Wir erreichen dann die Schutzhätte *Glösinghausen* und haben erneut einen Anstieg vor uns.

Der befestigte Waldweg macht eine Linkskurve und führt noch einmal steil bergan. An der nächsten Wegegabel geht es rechts weiter. An einer großen Wegespinne geht es auf dem mittleren Weg noch einmal in den Wald hinein und auf schmalerem Weg bergauf. Dieser Weg senkt sich schließlich und führt an den großen Parkplatz *Kahlewart* heran, womit das Ende des zweiten Teilabschnitts des Wittekindsweges erreicht ist.

66.3 Kahlewart – Nettelstedt – Porta Westfalica – Barkhausen

Verkehrsmöglichkeiten Lübbecke ist Bahnstation an der Strecke Bünde – Bassum; Bus nach Bünde, Löhne, Bad Oeynhausen, Minden, Herford und Osnabrück; an den Bundesstraßen 65 und 239 gelegen. Minden ist Bahnstation; Bus nach Bremen, Hannover, Hameln, Nienburg und nach Orten der näheren Umgebung.
Parkmöglichkeiten Großparkplatz an der Kahlewart bei Lübbecke und oberhalb Minden Großparkplatz hinter dem Restaurant »Am Denkmal.«.
Wegmarkierungen Weiß-rotes Rechteck.

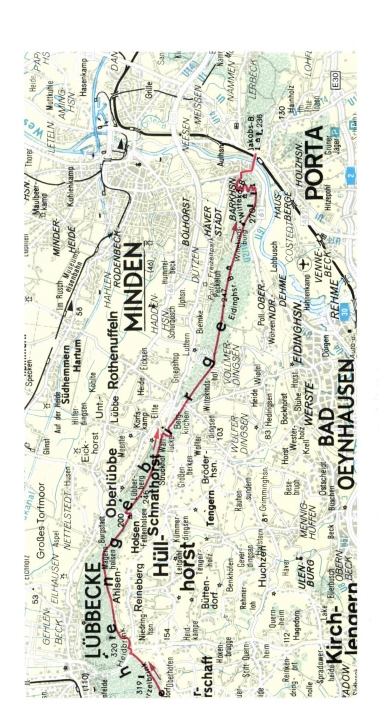

Tourenlänge 29 Kilometer. **Wanderzeit** 8 Stunden.
Höhenunterschiede Insgesamt 602 Meter Steigung.
Wanderkarten 1:50000 Osnabrücker Land und Minden-Lübbekker Land, L 3716 Lübbecke und L 3718 Minden.
Straßenkarte Generalkarte 1:200000, Blatt 6.
Auskünfte Verkehrsamt Lübbecke, im Rathaus. – Verkehrs- und Werbeamt Stadt Minden, Ritterstraße, 32423 Minden.
Übernachtungsmöglichkeiten *Hüllhorst* Hotel Wiehen Therme; *Obernfelde* Hotel Quellenhof; *Hüllhorst* Berghotel, Haus Reineberg (Ev. Tagungs- und Bildungsstätte); *Nettelstedt* Gaststätte Diekmann; *Schnathorst* Pension Garbe; *Bad Oeynhausen* Gasthaus Zum wilden Schmied, Privatpension Renate Grübbel; *Häverstedt* Gasthaus Zur Linde, Naturfreundehaus; *Barkhausen* Berghotel Wittekindsburg, Gasthof Waldkrug, Café-Hotel Berghof; *Porta Westfalica* Hotel Kaiserhof, Hotel Friedenstal; *Hausberge* Jugendherberge.
Wissenswertes Die *Babilonie* bei Lübbecke ist eine vorgeschichtliche Anlage, deren Ringwälle noch heute erkennbar sind. Es handelt sich um eine dreieckige Volksburg germanischen oder sächsischen Ursprungs. – *Lübbecke* ist 1200 Jahre alt mit einer Freilichtbühne im Ortsteil Nettelstedt. Schöne Fachwerkhäuser, Burgmannshof mit Heimatmuseum. – *Bergkirchen* mit der sagenumwobenen Wittekindsquelle. 799 soll hier bereits eine Kapelle gestanden haben. Wassermühle (1756) Bergkirchen nach Vereinbarung (Tel.: [05734] 1271) zu besichtigen. – *Wittekindsburg* an der Porta gilt als germanische und sächsische Volksburg. Diese Wallburg wird mit dem Herzog Wittekind, aber auch mit der Schlacht bei Idistaviso (16. Jh. n. Chr.) in Verbindung gebracht. – *Porta Westfalica* ist das Durchbruchstal der Weser durch das Gebirge. Im Westen ragt der Wittekindsberg und im Osten der Jacobsberg am Weserdurchbruch. – *Kaiser-Wilhelm-Denkmal* steht hoch über der Weser und ragt 88 Meter auf. Unter einer 50 Meter hohen Kuppelhalle befindet sich das 7 Meter hohe Standbild Kaiser Wilhelm I. von Prof. Zumbusch.
Tourenbeschreibung Vom Großparkplatz an der *Kahlewart* folgen wir der Ausschilderung zur Freilichtbühne, steigen auf schmalem Weg bergan und kommen am Kassenhäuschen vorbei zu den Zuschauerbänken, wo wir uns rechts halten und erneut einen Parkplatz erreichen.

Auf einer schmalen Asphaltstraße geht es weiter bergab. Dort, wo sie nach links abknickt, gehen wir rechts an einer Barriere vorbei auf eine Bank zu und steigen vor ihr links weiter bergauf. Nach einem kurzen Gefälle steigt der Waldweg dann weiter an bis zu einer Wegekreuzung.

Hier biegen wir rechts ab, erreichen einen freien Platz mit einer Bank am Wegekreuz und gehen in der bisherigen Richtung weiter. Nach etwa 200 Metern kommen wir an eine Wegegabel und halten uns rechts bergauf. Mit leichtem Gefälle und Steigungen hält sich der Weg kurz unterhalb des Kammes und führt schließlich auf ihm weiter.

Unser Weg knickt dann nach halblinks ab und steigt sofort wieder nach rechts auf. In der Rechtskurve unseres Weges um die Höhe 275 herum führt halblinks ein Trampelpfad zur Straße hinunter. Hier gehen wir genau auf eine Bank zu, biegen links auf die Straße ab und überqueren auf einer Fußgängerbrücke die B 239 zwischen Lübbecke und Quernheim.

Am Ende der Brücke halten wir uns etwa 10 Schritte nach links und biegen rechts auf die Straße *Strubberg* ab, die sofort wieder ansteigt. An einer Gabelung halten wir uns links, kommen an einem Wasserbehälter und dann auch an einer rot-weißen Barriere vorbei.

Wir befinden uns auf einer schmalen asphaltierten Straße, die an eine Gabel heranführt. Hier geht es rechts weiter erheblich bergauf. Wir kommen an einer etwas größeren Lichtung vorbei und gehen auf einen Nadelwald zu, vor dem unser Weg rechts weiter bergauf auf einen Fernmeldemast zuführt.

Vor der eingezäunten Gebäudegruppe der Post biegt der Weg links ab. Wenig später biegt er erneut nach links und nach knapp 25 Metern nach rechts ab, wo er an der Schutzhütte *Auf dem Heitbrink* nach rechts weiterführt. Wir befinden uns nun auf einem echten Waldweg, der genau über den Kamm führt.

Schließlich führt der Weg eine Strecke an einem Wildzaun entlang, an dessen Ende wir eine Wegegabel erreichen. Wir biegen rechts ab und halten uns nach gut 100 Metern am nächsten Wegekreuz mit der Bank nun links. Nach 50 Metern dreht dann der Weg an der nächsten Bank nach rechts ab.

Wir befinden uns nun wieder auf dem Kammweg, der zunächst recht eben verläuft, dann aber erhebliches Gefälle aufweist. Nach einer Linkskurve erreichen wir eine Schutzhütte, an der es geradeaus an einer unbehauenen Bank vorbei auf einem Trampelpfad weitergeht.

Auf ihm erreichen wir ein Wegekreuz und gehen auf dem Weg bergauf, wo rechts eine Bank steht. Unser Weg steigt nun doch merklich in Richtung auf den »Nettelstedter Berg« zu. Wir passieren einen großen Steinbruch, wo ein weiter Blick nach Norden möglich ist.

Der Kammweg führt über die Höhe 288 hinweg an einen Querweg heran, auf dem es rechts weitergeht. Dieser Weg steigt erneut und setzt zu einer S-Kurve an. Hier geht es links auf dem mit weiß-rotem Rechteck gekennzeichneten Weg weiter.

Wir ändern nun unsere Richtung nicht, passieren dann eine rot-weiße Barriere, hinter der unser Weg nun asphaltiert ist. Wir erreichen die *Schnathorster Straße,* auf die wir links abbiegen. Am Gasthof *Waldfrieden* biegen wir rechts ab und steigen gleich rechts bergauf.

Vorbei an einer Schranke steigen wir zur Höhe 246, dem *Schnathorster Berg,* auf. Späterhin führt unser Weg an der Südseite nur wenig unterhalb des Kammes weiter nach Osten und an einen Rastplatz mit Tisch und Bänken heran.

Ab hier wird unser Weg deutlich schmaler und führt zu Tal. Dieser Weg mündet stumpf. Wir biegen links ab an einer Schutzhütte vorbei, an der wieder eine rot-weiße Barriere steht. Knapp 30 Meter weiter biegt dann der Weg nach rechts ab.

Dieser Waldweg führt an eine Schranke und ein Schild heran, auf dem das vor uns liegende Gelände als militärischer »Sprengplatz« ausgewiesen wird. Hinter dieser Schranke biegt der Weg nach rechts ab und führt zum *Elfter Kopf* hinauf.

Ein ganzes Stück weiter bergauf erreichen wir dann die zweite Schranke des Sprengplatzes. Vor der Bergkuppe dreht der Weg etwas nach rechts ab und führt dann durch Laubwald talwärts. Wir folgen nun einer S-Kurve an einer Bank und am Waldrand vorbei, wo wir eine Hochspannungsleitung unterqueren.

Wir kommen nun an einem Lagerplatz und einer Häusergruppe vorbei, wo wir rechts auf eine asphaltierte Straße abbiegen. Wir überqueren dann eine Hauptstraße nach links und gehen auf dem Fuß-/Radweg weiter in Richtung auf den großen Steinbruch zu.

Wir befinden uns hier auf der Straße *Wallücke* und biegen noch vor dem Steinbruch rechts in den *Lattensiek* ab. An dem Hof mit der Bank davor biegen wir links ab in den *Ginsterweg.* Es geht langsam bergauf auf den Wald zu, dort dann an einer Schutzhütte vorbei.

Wir wandern unterhalb des *Bergkirchener Kopfes* weiter an einem Wasserbehälter und später am Kriegerdenkmal vorbei, wo wir rechts abwärts in Richtung auf die Kirche von *Bergkirchen* weitergehen. Unser Weg mündet nach einer scharfen Rechtskurve stumpf unmittelbar vor dem Kirchhof.

Wir biegen links ab zur Hauptstraße, halten uns rechts am neuen Friedhof vorbei und biegen links in die Straße *Auf dem Berg* ab. Am Ostende des Friedhofes kommen wir an einem Parkplatz vorbei, biegen rechts vor dem letzten Haus auf einen Weg ab, der sofort und über längere Zeit steil bergan führt.

Schließlich haben wir den 261 Meter hohen *Haddehauser Berg* erklommen, kommen an zwei Bänken und einer Schutzhütte vorbei, die links des Weges steht. Nach anfänglichem Gefälle steigt der Weg dann doch noch einmal kräftig an und mündet auf einen Querweg.

Wir gehen links weiter und erreichen nach erneuter Steigung wieder eine Bank. Wir halten uns links und müssen nach einer Rechtskurve noch einmal etwas klettern. Schließlich führt unser Weg an einigen Bänken und dann an einem Steinbruch vorbei, der linker Hand liegt.

Wir erreichen einen kleinen Parkplatz und unmittelbar danach eine Hauptstraße. Wir biegen rechts ab und halten uns vor dem Café »Lutternsche Egge« links auf einen Schotterweg. An einer rot-weißen Schranke vorbei führt der Weg bergauf.

Dann aber, nach einer S-Kurve, führt der Weg recht eben weiter über die *Lutternsche Egge* und an mehreren Bänken vorbei. Wir unterqueren dann eine Hochspannungsleitung und erreichen einen Rastplatz mit Schutzhütte und mehreren Tischen und Bänken, von wo ein Blick nach Süden möglich ist.

Auch auf der linken Seite unseres Weges öffnet sich in Höhe eines kleineren Rastplatzes der Blick nach Norden auf den Stadtrand von Minden zu. Wir erreichen das Wirtshaus *Zum wilden Schmied,* passieren ein kleines Biotop und halten uns an der Wegegabel dann rechts.

Wir haben jetzt einen Waldweg vor uns, der leicht fällt und einen Blick nach rechts auf die Weser erlaubt. Wir kommen dann unterhalb des germanischen Ringwalles entlang, sehen rechts des Weges eine Kapelle, gehen auf das Hotel *Wittekindsburg* zu und links an ihm vorbei.

Nur wenige Meter weiter steigt dann der Weg hinauf zum *Moltke-Turm,* der gleichzeitig trigonometrischer Punkt ist. Von hier führt der Weg nun etwas bergab und noch an einem Fernmeldeturm vorbei. Dann jedoch senkt sich der Weg in Richtung auf das »Kaiser-Wilhelm-Denkmal«, vor dem unser Weg links bergab weiterführt.

Er kommt am *Denkmals-Restaurant* heraus, wo wir den Großparkplatz als Endpunkt des Wittekindsweges ansehen können. Er führt jedoch als Fußweg am Restaurant vorbei weiter durch den Wald bergab nach *Barkhausen* und an die B 61 heran, womit dann auch die Porta Westfalica erreicht ist.

67 Der Steingräberweg Westerholte

Verkehrsmöglichkeiten Nur mit eigenem Wagen zu erreichen.
Parkmöglichkeiten Wanderparkplatz von Westerholte.
Wegmarkierungen Die Wege umschließen ein Dreieck. Die Wegführung ist unkompliziert und der Tafel am Wanderparkplatz zu entnehmen. Entlang des Weges weisen kleine grüne Schilder zu versteckt liegenden Gräbern hin.
Tourenlänge 2,5 Kilometer, ohne die Abstecher zu den Gräbern.
Fahrzeit 1 Stunde.
Höhenunterschiede Insgesamt 10 Meter Steigung.
Wanderkarten 1:50 000 L 3512 Bramsche.
Straßenkarte Generalkarte 1:200 000, Blatt 6.
Anmerkung Für Deutschland einmaliger Lehrpfad.
Wissenswertes Großsteingräber mit Kammern und zum Teil Verbindungsgängen und Hügelgräber, deren Grabkammern meist mit drei Granitblöcken bedeckt waren. Darüber wurde Erde geschüttet und mit kleinen Steinen abgedeckt. An jedem Grab wird auf einer Tafel genau Ursprung, Alter, zum Teil auch Fertigung und Zeit der Zerstörung genannt.
Tourenbeschreibung Vom Wanderparkplatz führt der Weg in nordöstlicher Richtung leicht ansteigend durch den Wald. Rechts und links gibt es Hinweise auf Stein- und Hügelgräber. Nach etwa 700 Metern kommen wir an einen Querweg, den wir

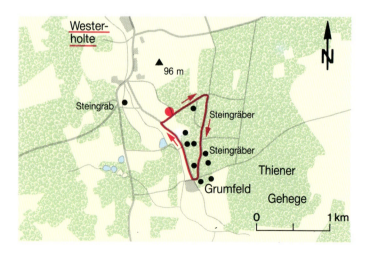

rechts weitergehen. Auf diesem Teilstück ist das Gräbervorkommen gering.

Der Weg mündet stumpf. Es geht rechts und nach 50 Metern erneut rechts weiter. Auf diesem Stück kann man zum Teil von der Straße aus sowohl die Hügel- als auch Steingräber erkennen. Auf dieser Straße nähern wir uns nun wieder dem Wanderparkplatz, der rechts der Straße neben einem Steingrab liegt.

68 Forstlehrpfad in Bad Essen

Verkehrsmöglichkeiten Bus nach Melle, Osnabrück, Leckermühle, Osterkappeln.
Parkmöglichkeiten Gegenüber vom Hotel Friedenshöhe.
Wegmarkierungen Buntspecht.
Tourenlänge 3 Kilometer.
Wanderzeit 1 Stunde.
Höhenunterschiede Insgesamt 117 Meter Steigung.
Wanderkarten 1:50000 L 3714 Osnabrück und L 3716 Lübbecke.
Straßenkarte Generalkarte 1:200000, Blatt 6.
Tourenbeschreibung Etwas unterhalb des Hotels »Friedenshöhe« beginnt der *Forstlehrpfad* bergauf an der alten kleinen Trinkhalle vorbei bis zum *Waldhotel*. Dort geht rechts der *Esels-Weg* ab und steigt unentwegt bis zu einer Querstraße.

Hier biegen wir gegenüber von einem Gedenkstein rechts in den *Empter-Weg* ab, kommen am Restaurant *Altes Berghaus* und der *Berghofklinik* vorbei. Hier nehmen wir den rechten Weg, der an einem weißen Umspannhäuschen vorbei in den Wald führt.

Dieser Weg fällt nun langsam und geht in einen schmalen Asphaltweg über. Hier folgen wir links der »5« und kommen am *Parkhotel* aus dem Wald heraus. Wir gehen rechts am Parkplatz vorbei und vor der Linkskurve geradeaus weiter.

Wir überqueren nun die Hauptstraße, folgen dieser dann nach rechts an einem alten Mühlrad vorbei und erreichen in Kürze den Ausgangspunkt gegenüber vom Hotel *Friedenshöhe*.

Anschriftenverzeichnis

Europäische Wandervereinigung e.V.
Wilhelmshöher Allee 157–159, D-34121 Kassel

Deutsches Jugendherbergswerk
Bismarckstraße 8, D-32754 Detmold

Verband Deutscher Gebirgs- und Wandervereine e.V.
Wilhelmshöher Allee 157–159, D-34121 Kassel

Deutsche Wanderjugend
Tannenweg 22, D-71364 Winnenden

Deutscher Alpenverein
von-Kahr-Straße 2–4, D-80997 München

Touristenverein »Die Naturfreunde«
Bundesgruppe Deutschland e.V.
Hedelfinger Straße 17–25, D-70327 Stuttgart

Teutoburger Wald Tourismus e.V.
Alte Meinberger Straße 1a, D-32754 Detmold

Teutoburger-Wald-Verein
Heeper Straße 126, D-33607 Bielefeld

Eggegebirgsverein Bad Driburg
Auf dem Krähenhügel 7, D-33014 Bad Driburg

Wiehengebirgs-Verband Weser-Ems
Bierstraße 17/18, D-49074 Osnabrück

Waldwanderung (Foto: Christina Garstecki)

Wandern mit offenen Augen

(Bilder entnommen aus »Der große Natur- und Landschaftsführer«. Mairs Geographischer Verlag, Ostfildern.)

Lärche *(männliche und weibliche Blütenzapfen)*

Tanne *(Zapfen, männliche und weibliche Blüten, a Zapfenspindel)*

Haubenmeise

Tannenmeise

Kiefer

Fichte

Fichtenkreuzschnabel *(Weibchen)*

Die Vogeluhr

Die Vögel des Waldes erwachen nicht alle gleichzeitig. Sie halten pünktlich ihre Zeiten ein, so daß sich eine »*Vogeluhr*« ergibt. Der Hausrotschwanz z. B. meldet sich 75 Minuten vor Sonnenaufgang zuerst; ihm folgen Singdrossel, Amsel (63 Minuten), Rotkehlchen (57 Minuten), Kuckuck (55 Minuten), Zaunkönig (48 Minuten) und Buchfink (29 Minuten). Kurz vor Sonnenaufgang kommen Zilpzalp, Specht und Kleiber. Star und Grünfink lassen sich Zeit bis nach Sonnenaufgang.

Buchfink *(Männchen)*

Grünspecht *(Männchen)*

Hausrotschwanz *(Männchen)*

Amsel *(Männchen)*

Grünfink

Rotkehlchen

Star *(Männchen in Frühjahrsfärbung)*

Feldsperling

...Der größte Langschläfer unter den Vögeln ist aber – man sollte es nicht glauben – der sonst so flinke und vorlaute Sperling.

Große Radwanderführer Deutschland

Vom Bodensee bis zur Ostsee

Rad-Wanderführer Münsterland

Rund- und Streckentouren (Schlösserfahrt, große Münsterland-Radtour u. a. m.). Beschrieben von *Günter R. E. Richter.*

Rad-Wanderführer Niederlande

Die schönsten und erlebnisreichsten Rund- und Streckentouren. Beschrieben von *Günter R. E. Richter.*

Rad-Wanderführer Bergisches Land und Siegerland

Rund- und Streckentouren im Oberbergischen Land, im Siegerland, entlang der Sieg. Beschrieben von *Günter R. E. Richter.*

Rad-Fernwandertouren Deutschland 2

Ostsee-Bodensee-Tour: Von Flensburg über Würzburg, Passau, München und Ulm zum Bodensee und nach Stein am Rhein. Rhein-Niederlande-Tour: Von Stein am Rhein über Basel, Straßburg, Koblenz und Bonn nach Schiedam/Rotterdam. Ausgewählt, abgeradelt und beschrieben von *Helmut Dumler* und *Günter R. E. Richter.*

Rad-Fernwandertouren Deutschland 3

Radwandern vom Rhein zur Ostsee und entlang an den Flüssen Mosel, Lahn, Neckar und Main. Abgeradelt und beschrieben von *Günter R. E. Richter, Volker Pahl, Norbert Forsch* und *Heinz Wittner.*

KOMPASS Wanderführer

Wanderführer Bergisches Land

Die schönsten Rund- und Streckenwanderungen. Beschrieben von *Hans Jürgen Gorges.*

Wanderführer Niederrhein

Die schönsten Wanderungen zwischen Köln und Düsseldorf, beiderseits des Rheins von Duisburg nach Wesel, an Erft und Niers, rund um Krefeld, im Naturpark Schwalm-Nette. Beschrieben von *Albert Schöndorf.*

Die zuverlässigen, tausendfach bewährten Wegweiser mit der Marke ›Kompass‹ und dem roten Punkt

Die schönsten Wanderungen

Albrandweg
Allgäu
Allgäuer Alpen
Altmühltal/
   Frankenalb Süd
Bayerischer Wald
Berchtesgadener Land
Bergisches Land
Bodensee
Dresden
Eifel (gesamt)
Eifel 1:
   Ahrgebirge/Osteifel
Eifel 2:
   Naturpark Hohes
   Venn – Eifel
Eifel 3:
   Vulkaneifel – Südeifel
Erzgebirge

Fränkische Schweiz/
   Frankenalb Nord
Großer Fränkische-
   Schweiz-Führer
Harz
Hohenlohe
Hunsrück
Lüneburger Heide
Mainwanderweg
Mark Brandenburg
Münsterland
Niederrhein
Oberbayern I/West
Oberbayern II/Ost
Oberlausitz
Oberschwaben
Odenwald
Ostseeküste/Rügen

Pfalz
Großer Pfalz-Führer
Rhön mit Vogelsberg
Saarland
Sächsische Schweiz
Sauerland
Sauerland-Höhenring
Schwäbische Alb
Schwarzwald Mitte
Schwarzwald Nord
Schwarzwald Süd
Schwarzwaldhöhenwege
Spessart
Stuttgart mit Schönbuch
Taunus
Teutoburger Wald
Thüringer Wald
VVS-Wanderführer
   Region Stuttgart

Wandern in Europa

E 1: Flensburg –
   Genua
E 5: Bodensee – Adria
Harz-Niederlande-
   Wanderweg

Kärnten
Kanarische Inseln
Osttirol
Salzburger Land
Teneriffa
Tirol

Trentino I Ost
Trentino II West
Vogesen Nord
Vogesen Süd
Vorarlberg

Freizeit Spezial

Erlebnisurlaub Allgäu
Erlebnisurlaub Bayerische Alpen
Erlebnisurlaub Bayerischer Wald
Erlebnisurlaub Bodensee
Erlebnisurlaub Chiemsee – Königssee
Erlebnisurlaub Eifel
Erlebnisurlaub Elsaß
Erlebnisurlaub Gardasee
Erlebnisurlaub Harz
Erlebnisurlaub Kärnten

Erlebnisurlaub Lüneburger Heide
Erlebnisurlaub Mosel – Nahe
Erlebnisurlaub Nordfriesland/Inseln
Erlebnisurlaub Ostfriesland/Inseln
Erlebnisurlaub Pfalz
Erlebnisurlaub Rügen
Erlebnisurlaub Schwäbische Alb
Erlebnisurlaub Schwäbischer Wald
Erlebnisurlaub Schwarzwald
Erlebnisurlaub Thüringer Wald
Erlebnisurlaub Toskana

Die schönsten Radtouren

- Allgäu/Bodensee
- Altmühltal/Frankenalb Süd
- Augsburg/Umland
- Bayerischer Wald
- Bergisches Land mit Siegerland
- Berlin und Umland
- Radfernwandertouren
  1 Ostseeküste, Oder-Neiße, Elbe
  2 Ostsee – Bodensee – Niederlande
  3 Rhein – Ostsee, Mosel, Lahn, Neckar, Main
  4 Saale, Werra, Spree, Havel
- Donau
- Eifel
- Fränkische Schweiz/Frankenalb Nord
- Hamburg/Umland
- Harz/Weser/Leine
- Hunsrück/Saarland
- Rad-Deutschland-Tour: Von JH zu JH (Ost)
- Rad-Deutschland-Tour: Von JH zu JH (West)
- Kurhessen-Waldeck
- Lüneburger Heide mit Wendland
- Mark Brandenburg Ost
- Mark Brandenburg West
- Mecklenburg-Vorpommern
- München mit Umland
- Münsterland
- Niederrhein
- Oberrhein – Elsaß I: Heidelberg – Straßburg
- Oberrhein – Elsaß II: Straßburg – Basel
- Oberschwaben/Bodensee
- Odenwald/Bergstraße
- Ostfriesland
- Ostseeküste/Rügen
- Pfaffenwinkel/östliches Allgäu
- Pfalz – Rheinhessen
- Rhein
- Rhön/Vogelsberg
- Romantische Straße
- Ruhrgebiet
- Sauerland
- Schwäbische Alb
- Schwäbischer Wald/Neckarland
- Schwarzwald
- Spessart/Kinzigtal/Fränkisches Weinland
- Stuttgart mit Umland
- Taunus/Wetterau
- Thüringer Wald
- Tour de Baden-Württemberg
- Tour de Ländle I
- Voralpenland II: Lech – Donau – Salzach

Großer Radwanderführer Deutschland
(252 Touren, 200 Bilder, 496 Seiten)

Radeln in Europa

- Balearen
- Belgien
- Frankreich Süd
- Inn
- Loire
- Niederlande
- Rhône
- Schweiz

Wegweiser

- Auf Tour mit Kompaß und Karte
- Spuren der Römer im Rheinland
- Spuren der Römer: Main – Rems
- Spuren der Römer: Rems – Donau
- Radwandern gut vorbereiten
- Kinder und Jugendliche im Gebirge
- ...rund um Alpenvereinshütten

DEUTSCHER WANDERVERLAG

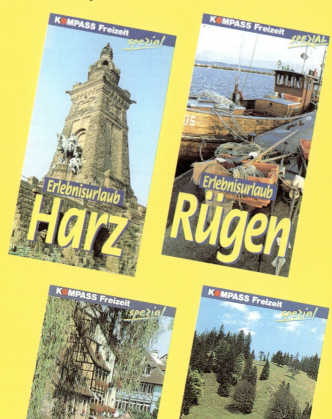

Die Deutsche Wanderjugend (DWJ) ist die Jugendorganisation des Verbandes Deutscher Gebirgs- und Wandervereine. Die jugendlichen Mitglieder von sechs bis 25 Jahren pflegen natürlich das Wandern in kind- und jugendgerechten Formen. Die Deutsche Wanderjugend wanderte schon lange aus Freude an der Natur und aus Spaß, bevor das „Volkswandern" erfunden wurde. Die Kinder und Jugendlichen bei der Wanderjugend lernen, wie man richtig wandert, erfahren alles über eine wandergerechte Ausrüstung von den Wanderschuhen bis zum Rucksack und üben den Umgang mit Kompass und Karte.

Wandern ist aber nur ein Teil der Aktivitäten. Die Jugendarbeit der Deutschen Wanderjugend umfaßt ein viel breiteres Angebot. Die Jugendgruppen der Wanderjugend legen die Inhalte und Schwerpunkte ihrer Arbeit selbst fest. Im Rahmen einer sinnvollen aktiven Freizeitgestaltung werden in der Gruppenarbeit oft musisch-kulturelle Aktivitäten bevorzugt: Basteln, Werken, Pantomime, Laienspiel, kreatives Gestalten, Singen und Instrumentalspiel, Volkstanz. Die vielfältige Bildungs- und Jugendarbeit der Deutschen Wanderjugend erstreckt sich auf Freizeiten, Fahrten, Zeltlager, Lehrgänge zur politischen Bildung, internationale Jugendbegegnungen.

Eine wichtige Aufgabe stellt der aktive Natur- und Umweltschutz für die Wanderjugend dar. Dabei steht v. a. die Erziehung und Bildung der Kinder und Jugendlichen zum umweltbewußten Menschen im Vordergrund.

Wer mehr über uns, die DWJ, wissen will, schreibt an die

DWJ-Bundesgeschäftsstelle, Tannenweg 22, D-71364 Winnenden